湖南高质量发展丛书　第二辑

HUNAN
GAOZHILIANG FAZHAN
CONGSHU

湖南省社会科学基金智库重大项目

湖南中医药
强省建设

主　编　何清湖　罗　健

湖南人民出版社　湖南大学出版社·长沙

图书在版编目（CIP）数据

湖南中医药强省建设 / 何清湖，罗健主编. —长沙：湖南人民出版社：湖南大学出版社，2023.12

（湖南高质量发展丛书）

ISBN 978-7-5561-3085-6

I.①湖…　Ⅱ.①何…②罗…　Ⅲ.①中国医药学—制药工业—产业发展—研究—湖南　Ⅳ.①F426.7

中国版本图书馆CIP数据核字（2022）第190422号

HUNAN ZHONGYIYAO QIANGSHENG JIANSHE

湖南中医药强省建设

主　　编　何清湖　罗　健
责任编辑　唐　艳
装帧设计　吴颖辉
责任校对　周海香

出版发行　湖南人民出版社［http://www.hnppp.com］
地　　址　长沙市营盘东路3号
邮　　编　410005
经　　销　湖南省新华书店

印　　刷　长沙新湘诚印刷有限公司
版　　次　2023年12月第1版
印　　次　2023年12月第1次印刷
开　　本　710 mm × 1000 mm　1/16
印　　张　13.25
字　　数　130千字
书　　号　ISBN 978-7-5561-3085-6
定　　价　42.00元

营销电话：0731-82221529　（如发现印装质量问题请与出版社调换）

锚定"三高四新"美好蓝图
加快推动湖南高质量发展（代序）

　　党的二十大擘画了以中国式现代化全面推进中华民族伟大复兴的宏伟蓝图，明确高质量发展是全面建设社会主义现代化国家的首要任务。习近平总书记对湖南发展寄予厚望，党的十八大以来三次亲临湖南考察，十二届全国人大四次会议期间参加湖南代表团审议，系统阐述了事关湖南长远发展的一系列方向性、根本性问题，特别是为湖南描绘了"三高四新"美好蓝图，为湖南高质量发展指明了战略方向、提供了根本遵循。

全省上下要切实把思想和行动统一到党的二十大精神和党中央决策部署上来，统一到习近平总书记关于湖南工作的重要讲话和指示批示精神上来，锚定"三高四新"美好蓝图，扎实推进中国式现代化的湖南实践，奋力闯出新时代湖南高质量发展的新路子。

——要将高质量发展作为社会主义现代化新湖南建设的首要任务，推动高质量发展导向深入人心、高质量发展要求全面落实，促进三次产业结构持续优化、整合全球和全国创新资源能力持续增强、城乡区域发展差距持续缩小、城乡人居环境持续改善、开放平台能级持续提升、人民健康水平和生活水平持续提高，实现产业发展水平、自主创新能力、协调发展水平、绿色发展水平、开放发展水平、共享发展水平明显提升，"三个高地"建设取得重大进展，社会主义现代化新湖南建设迈出坚实步伐。

——要牢固树立和践行正确政绩观，正确处理规模速度和质量效益、政府和市场、发展经济和保护生态、发展和安全、当前和长远的关系，加快形成推动高质量发展的鲜明导向。要大力推进国家重要先进制造业高地建设，明确现代化产业体系建设的主攻方向，提升园区承载能力，推动存量企业扩能升级和精准招商，加快构建富有湖南特色和优势的现代化产业体系；大力推进具有核心竞争力的科技创新高地建设，推动关键核心技术攻关和成果转化，实施新时代人才强省战略，加快构建汇聚全球创新资源的创新型省份；大力推进内陆地区改革开放高地建设，持续深化重点领域改革，推动高水平对外开放，加快构建高标准市场体系和高水平对外开放格局；大力推进长株潭一体化发展，推动四大区域板块联动发展，促进县域经济高质量发展，加快构建支撑高质量发展的城乡区域协调发展体系；大力推进乡村振兴战略，坚决扛稳粮食安全责任，以农民持续增收为核心加快培育农业特色优势产业，持续推进乡村建设行动，加快推动农业大省向农业强省跨越；大力推进扩大内需战略，持续推动消费提质、投资增效、流通体系升级，着力增强高质量发展的内生动力；大力推进市场化法治化国际化营商环境建设，加大对民营经济政策支持力度，强化民营经济发展法治保障，促进民营经济人士健康成长，全力营造重商亲商安商的浓厚氛围，推动民营经济高质量发展；大力推进文化产业创新发展，提升红色文化的传播力影响力，打造优势文化产业集群，推进文旅和相关产业融合发展，加快建设文化强省；大力推进共同富裕，深入实施创业就业行动，推进健康湖南建设，提高社会保障水平，持续提升人民群众收入水平和生活品质；大力推进美丽湖南建设，持续打好污染防治攻坚战，全面提升生态系统功能，加快发展方式绿色低碳转型，坚决扛牢"守护好一江碧水"的责任担当；大力推进安全发展，防范和化解重点领域风险，提升本质安全能力水平，有效防范和应对自然灾害风险，完善社会治理体系，坚决守住高质量发展的底线红线。

——要把党的领导贯穿推动高质量发展全过程各方面，持续抓好学习贯彻习近平新时代中国特色社会主义思想主题教育，完善工作推进机制，强化监督助推落实，深入协商集中民智，形成共促高质量发展的广泛共识和强大合力。强化实干实绩实效导向，完善高质量发展综合考核评价体系，严格落实"三个区分开来"，健全激励干部担当作为的容错纠错机制，为担当者担当、对负责者负责、让有为者有位。大兴调查研究，持续为基层松绑减负。及时总结推广全省高质量发展的典型案例、先进经验，推动形成比学赶超、争先创优的浓厚氛围。

（摘自《中国共产党湖南省第十二届委员会第四次全体会议决议》，原载《湖南日报》2023 年 8 月 31 日）

目　录

CONTENTS

第 **9** 章　**拓展领域，有效促进中医药国际化发展**

第 **1** 章

湖南建设中医药强省的战略意义

中医药是中华民族的瑰宝，一定要保护好、发掘好、发展好、传承好。

——2016 年 2 月 3 日，习近平在江西考察江中药谷制造基地时的讲话湖南是中医药的重要发祥地之一，是中医药资源大省。建设中医药强省，就是抢抓国家促进中医药传承创新发展以及湖南大力实现"三高四新"美好蓝图的历史性发展机遇，紧紧围绕中医药医疗服务体系品质优、中医药科技创新能力强、中医药产业集群规模大、中医药人才队伍素质高、中医药文化建设氛围浓、中医药国际化发展空间大的发展目标，努力将湖南打造成为中部地区中医药科技创新高地，成为内陆地区中医药事业产业融合发展示范基地，成为中医药人才培养使用样板洼地，走出具有湖南特色的中医药强省建设之路。

第一节

促进中医药事业发展的必然要求

　　党的十八大以来，以习近平同志为核心的党中央坚持"人民至上、生命至上"的执政理念，把人民群众的生命安全和身体健康放在优先发展的战略位置，确立了新时代卫生与健康工作方针，把建设健康中国和积极应对人口老龄化上升为国家战略，不断深化医药卫生体制改革，走出了一条中国特色卫生健康事业改革发展之路。习近平总书记多次强调，要充分发挥中医药防病治病的独特优势和作用，为建设健康中国、实现中华民族伟大复兴的中国梦贡献力量。

一、贯彻习近平总书记关于中医药工作重要论述的必然要求

新中国成立以来，党和国家历代领导人对中医药发展高度重视，作出了很多重要批示。毛泽东从中医形成和发展的角度肯定了中医的价值，主张中医与西医要兼容并蓄、争鸣互补，指出中国医药学是一个伟大的宝库，应当努力发掘，加以提高。这一重要指示为新中国成立以后中医药事业的发展指明了方向。邓小平指出，"要为中医创造良好的发展与提高的物质条件"，并强调要在中医队伍建设上下功夫。江泽民指出："弘扬民族优秀文化，振兴中医中药事业。"胡锦涛在党的十七大报告中提出"扶持中医药和民族医药事业发展"。

毛泽东为新中国中医药事业的发展解开束缚

新中国成立初期,一些人认为中医是"封建医",是"落后的""不科学的",并提出废除中医,向西方学习,跟进西方的潮流。对此,毛泽东指出:"看不起中医是不对的,把中医说得都好、太好,也是错误的","我们对中医必须有全面的、正确的认识,必须批判地接受这份遗产,必须把一切积极因素保存和发扬。"

1954 年 6 月,毛泽东针对中医药工作发表重要讲话,强调:"祖国医学遗产若干年来,不仅未被发扬,反而受到轻视与排斥,对中央关于团结中西医的指示未贯彻,中西医的真正团结还未解决,这是错误的,这个问题一定要解决,错误一定要纠正。"正是毛泽东的多次指示和党中央的一系列措施,为新中国成立以后中医药的发展解开了束缚,纠错正偏,使中医重新振兴发展。

党的十八大以来,习近平总书记高度重视中医药工作,作出了一系列重要论述,深刻阐明了中医药振兴发展一系列紧要问题,为新时代中医药的传承创新发展指明了方向。2015 年 12 月,习近平总书记在致中国中医科学院成立 60 周年的贺信中指出，中医药学是中国古代科学的瑰宝，也是打开中华文明宝库的钥匙。2016年2月，习近平总书记在江西江中药谷制造基地考察时指出，中医药是中华民族的瑰宝，一定要保护好、发掘好、发展好、传承好。2018年10月，习近平总书记考察广东珠海横琴新区粤澳合作中医药科技产业园时指出，要深入发掘中医药宝库中的精华，推进产学研一体化，推进中医药产业化、现代化，让中医药走向世界。2019年10月，习近平总书记对中医药工作作出重要指示强调，要遵循中医药发展规律，传承精华，守正创新，加快推进中医药现代化、产业化，坚持中西医并重，推动中医药和西医药相互补充、协调发展，推动中医药事业和产业高质量发展。2020年4月，习近平总书记在中央财经委员会第七次会议上的讲话中指出，在这次疫情防控中，中医发挥了重要作用，要及时总结经验，加强科学论证，大力发展中医药事业，加强中西医结合，不断提高能力和水平。2020年6月2日，习近平总书记主持召开专家学者座谈会时指出，中西医结合、中西药并用，是这次疫情防控的一大特点，也是中医药传承精华、守正创新的生动实践。2021年3月，习近平总书记在看望参加政协会议的医药卫生界、教育界委员时指出，要做好中医药守正创新、传承发展工作，建立符合中医药特点的服务体系、服务模式、管理模式、人才培养模式，使传统中医药发扬光大。2021年5月12日，习近平总书记在河南省南阳市考察时指出，过去，中华民族几千年都是靠中医药治病救人。特别是经过抗击新冠肺炎疫情、非典等重大传染病之后，我们对中医药的作用有了更深的认识。我们要发展中医药，注重用现代科学解读中医药学原理，走中西医结合的道路。2022年10月，习近平总书记在党的二十大报告中进一步强调，要"促进中医药传承创新发展"。

推进湖南中医药强省建设，要以习近平总书记系列重要讲话为指导，坚持把中医药事业跨越式发展目标融入湖南经济社会发展全局，进一步发挥中医药事业在维护人民健康、服务经济增长、推进科技创新、弘扬传统文化、促进国际交流等各方面各领域的优势作用。

专栏 1-2

世界卫生组织肯定中医药在抗疫工作中的贡献

2022年4月，世界卫生组织发布《世界卫生组织中医药救治新冠肺炎专家评估会报告》，明确肯定了中医药救治新冠肺炎的有效性和安全性，鼓励世界卫生组织成员国在其卫生保健系统和监管框架内考虑使用中医药治疗新冠肺炎的可能性。

二、推进传承发展中医药事业的必然要求

我们党和政府历来重视中医药工作。1982 年颁布的《中华人民共和国宪法》第 21 条明确规定要"发展现代医药和我国传统医药"。党的十八大以来，党中央、国务院把中医药摆在更加突出的位置，从国计民生的大局出发，把发展中医药事业融入"两个一百年"奋斗目标，融入实现中华民族伟大复兴的中国梦的征程之中，制定了一系列保护中医药的方针政策和支持中医药事业发展的措施，出台文件的规格之高、数量之多、领域之广前所未有。2016 年 2 月，国务院印发《中医药发展战略规划纲要（2016—2030 年）》，首次在国家层面编制发展规划，将发展中医药事业列入国家发展战略。2017 年 7 月，《中华人民共和国中医药法》（简称《中医药法》）正式施行，成为我国中医药领域第一部基础性、纲领性、综合性的法律，为发展中医药事业提供了坚实的法律保障。2019 年 10 月，新中国成立以来第一次以国务院名义召开全国中医药大会，中共中央、国务院发布《关于促进中医药传承创新发展的意见》，成为指导新时代中医药工作的纲领性文件，中医药事业发展呈现生机勃勃的新气象。2022 年 3 月，国务院办公厅发布《"十四五"中医药发展规划》，对"十四五"时期中医药发展作出全面部署，这是新中国成立以来首个以国务院办公厅名义发布的中医药五年规划，为推动中医药事业发展跑出"加速

度"把稳"方向舵"。

随着一系列振兴发展中医药的文件、法规与措施相继出台，中医药政策供给更加全面有力，既有党和国家事业全局高度的战略安排，又有法律层面的规范要求，更有可操作、可落地的细化举措，形成全方位、立体化、多层次较为成熟的政策体系，有力促进了新时代中医药的传承、创新、发展。由此可见，加强湖南中医药强省建设，是推进传承发展中医药事业国家战略的必然要求，是顺应新时代中医药振兴发展的必然选择，是融入中医药现代化、产业化、国际化的时代洪流的必由之路。

三、推动中医药文化"两创"的必然要求

习近平总书记指出，中医药学"凝聚着深邃的哲学智慧"。中医药强调"道法自然、天人合一""阴阳平衡、调和致中""以人为本、悬壶济世"，这些理念、用语体现了中华民族的认知方式，展现了中华文化的思想内核，丰富了中华文化的精神内涵，还蕴含着解决当代人类面临难题的重要启示。因此，要坚持把中医药放在中华文明传承发展的历史长河中来审视，放在实现中华民族伟大复兴的中国梦和构建人类卫生健康共同体的历史进程中来谋划。发展中医药不仅是弘扬中华优秀传统文化的重要抓手，也是中华文化走向世界的生力军，成为中华文化"软实力"的重要支撑。深入挖掘中医药宝库中的精华，推动中医药文化的创造

性转化和创新性发展，对推动我国生命科学实现创新突破，弘扬中华优秀传统文化、增强民族自信和文化自信，促进文明互鉴和民心相通、推动构建人类命运共同体具有重要意义。

湖湘中医是中国传统医学的重要组成部分，为中国医学事业的发展作出了巨大贡献。建设中医药强省，湖南具有深厚的历史文化背景。炎帝神农尝百草、马王堆汉墓出土古医书、苏耽橘井佳话、张仲景长沙坐堂、孙思邈龙山采药等历史故事和事件深入人心，构筑了一道湖湘地域特色浓郁的中医药文化风景线。"湖南中医五老"开创了近代湖湘中医的辉煌。近年来，以国医大师刘祖贻、孙光荣、熊继柏、潘敏求等为代表的湘派中医名家正迅速崛起，湖南的中西医结合事业一直走在全国前列。

传承和发展湖湘中医药文化，推动湖湘中医药文化的创造性转化和创新性发展，使之与现代社会生产生活相协调，与现代健康理念相融通，在"两个结合"中进一步焕发湖湘中医药文化新的生机活力，彰显中医药科研和产业创新发展在实现"三高四新"美好蓝图中的独特地位，是新时代赋予我们的光荣职责和使命。

第二节

实现健康湖南目标的
重要途径

　　健康是人民最大的向往和追求之一，实现人人享有健康是我们共同的美好愿景。党的二十大提出了推进健康中国建设，把保障人民健康放在优先发展的战略位置的新要求。《"十四五"中医药发展规划》明确提出要加快发展中医药事业，全面提升中医药特色优势和服务能力，满足人民群众对中医药的需求，为健康中国建设和全面建设社会主义现代化国家作出积极贡献。在党和国家的高度重视下，中医药全面参与基本医疗卫生制度建设，融入健康中国行动的作用越来越突出，优质高效的中医药服务体系建设迈上了新台阶，服务能力得到进一步提升。湖南省委十二届四次全会提出要深入推进健康湖南建设，建设中医药强省成为建设健康湖南的有力保障。

一、构建高质量中医药服务体系的强大引擎

　　进入新时代，我国社会的主要矛盾是人民日益增长的美好生活需要和不平衡不充分的发展之间的矛盾。健康是美好生活的基

础，人民日益增长的美好生活需要必然伴随着日益增长的健康需要。中医药作为中国健康事业的重要组成部分，必然要满足人民日益增长的健康需要，这对中医药发展提出了新要求，同时也创造了新机遇。当前，湖南中医药发展还不充分，中西医协同还存在短板。围绕中医药强省战略目标，进一步健全湖南中医药健康服务体系，充分发挥中医药在疾病预防、治疗、康复中的独特优势，全面激发并满足人民群众多层次多样化中医药服务需求，是促进健康湖南建设的必由之路。

近年来，湖南省委、省政府认真贯彻落实习近平总书记关于中医药工作的重要论述和党中央、国务院的决策部署，切实加强对中医药工作的组织领导，确立了建设中医药强省的发展目标，出台了一系列政策措施，加大对中医药及相关产业发展的支持力度，中医药资源和服务能力得到大幅提升，夯实了健康湖南建设的基础。2019 年 12 月，《湖南省人民政府关于健康湖南行动的实施意见》部署的 9 项重大行动需要中医药直接参与。2020 年新冠肺炎疫情暴发以来，湖南省中医药系统在抗疫中主动参战，省中医药管理局及时组建省级中医医疗救治专家组，出台 4 版中医药诊疗和康复方案，组织 500 余名中医专家赴各地指导抗疫，在疫情防控中发挥了重大作用。2020 年省委、省政府印发的《关于促进中医药传承创新发展的实施意见》强调，要发挥中医药在健康湖南建设中的重要作用。意见明确，要发挥中医药在突发公共卫生事件中的作用，健全完善中西医高效协同的重大疫情防控救治机制；要彰显中医药在疾病治疗中的优势，强化中医药在疾病预防中的作用，发展中医药特色康复服务等。2021年底，湖南获批建设国家中医药综合改革示范区，这是湖南实施中医药强省战略的里程碑式事件，是近年来湖南加快推进中医药高质量发展的一个标志性成果。当前，以中医药强省建设为引领，中医药服务能力提质升级正在加快步伐。全面推进省级区域中医医疗中心提档升级，加强县（市、区）中医医院建设，支持社会力量兴办中医医疗机构，大力发展传统中医诊所，补齐重大疫情中医药防控短板，规范完善中医医疗服务项目，大力发展中医养生保健服务、中医特色康复服务、中医药健康养老服务、中医药文化和健康旅游产业等，将以更优质多元的中医药服务体验让人民群众更好享受健康湖南建设的成果。

二、保障湖南医药卫生资源供给的重要手段

推进中医药强省建设，对于建立健全全方位全周期健康服务体制机制具有重要作用。当前，随着我国经济社会快速发展，以及医改的纵深推进，人民群众对健康服务的需求呈现快速增长的态势，渴望享受到全方位、多环节的中医药健康服务。我国卫生健康工作重心正由以治病为中心向以人民健康为中心转变，预防为主、综合防控成为健康中国行动的总体原则。作为我国独特的卫生资源，中医药突出"治未病"理念，集防病治病、养生

保健于一体，具有临床疗效确切、预防保健作用独特、治疗方式灵活、费用比较低廉的特色和优势，能够为全生命周期的不同阶段提供健康服务。中医药诊疗技术具有"简、便、廉、验"的特点，高度契合公共卫生和基本医疗服务的要求。针灸、耳穴、穴位敷贴、小儿推拿、中医功法等中医特色非药物疗法有着十分广泛的应用。近年来，湖南依托 104 个基层中医药适宜技术培训推广基地，开展 20 项中医药适宜技术和 40 个中医药常见优势病种推广应用。截至 2022 年，湖南基层中医药服务占比达 29.66%，在国家分级诊疗指标监测中全国排名第 7 位，充分彰显了中医药资源下沉服务基层群众的关键作用。为了让群众在"家门口"看上好中医，全省进一步筑牢中医药服务网底，2022 年提质升级建设 776 个乡镇卫生院"中医馆"，示范建设 1080 家村卫生室"中医阁"，打造区域相对独立、中医药服务内涵更加丰富的中医药服务场所，全面提升基层中医药服务能力。此外，大力推动中医药健康服务与养老服务体系深度融合，加快构建"养联体"，促进中医医疗资源进入养老机构、社区和居民家庭，积极破解人口老龄化带来的"慢病多""看病难"等问题。中医药强省建设将有助于进一步激发中医药特色医疗服务的优势和潜力，保障和提升湖南医药卫生资源供给质量，真正让老百姓享受全生命周期的医疗健康服务。

三、彰显健康湖南建设地域特色的优势资源

充分发挥老祖宗留下的宝贵中医药知识在养生保健、疾病防治、健康养老、疾病康复等方面的优势作用，是健康湖南建设的现实需要。传承好湖湘中医药宝库中的精华精髓，努力推动湖南中医药业态升级、开放发展，才能更好体现湖南的中医药特色优势，更好满足人民群众对健康湖南的需求和期待。因此，要充分挖掘和传承湖湘中医药精华，注重做好历代湖湘中医名家学术思想研究和传承；抢救濒临失传的古籍文献，搜集整理中医药经典名方、民间验方、秘方和传统疗法；加大传统制药、鉴定、炮制技术和老药工经验技术传承力度，建立合作开发和利益分享机制；完善学术传承制度，推进活态传承，实现数字化、影像化记录和存储。同时，需新建一批以中医药健康养老为主的护理院、疗养院，探索设立具有湖湘中医药特色的医养结合机构，建设一批医养结合示范基地，打造一支群众身边的名中医团队，极大地提升人民群众的中医药服务获得感。加强湖湘中医药优势特色学科建设，加快中医药防治和药物研发，开展中医特色健康管理，提升中药材产品质量，加快科研成果转化，努力让三湘大地每个人、每个家庭都掌握必要的中医药知识，满足人民群众对高质量的健康维护与医疗保健的需求，助推湖南中医药产业高质量发展，为健康湖南建设添砖加瓦。

第三节

湖南经济社会发展的
有力支撑

中医药作为独特的卫生资源、潜力巨大的经济资源、具有原创优势的科技资源、优秀的文化资源和重要的生态资源，在我国经济社会发展的全局中有着重要地位。实现"三高四新"美好蓝图，要充分重视和开发中医药产业，为湖南高质量发展注入强大动力。

一、中医药产业壮大为湖南经济发展提供新引擎

湖南是中医药大省，但还不是中医药强省。当前，湖南中医药健康服务领域的短板主要表现在中医医疗服务量增长缓慢、卫生消费弹性系数偏低、中医药服务体系结构失衡等方面。统计显示，我国 3 万多家医院，中医院占比不到 17%；湖南中医机构占全国中医机构总量的 4.16%，中医类诊疗量仅占全国中医类诊疗总量的 2.61%。这充分说明，作为中医药资源大省，湖南中医药健康服务的潜力和活力还有待进一步发掘、释放，还存在中医药政策体系不够完善、中医药服务体系不够健全、中医药人才严重匮

乏、传承创新力度不够大、中医药产业发展质量不高、中医药工作区域发展不平衡等一系列亟待解决的问题。

推进中医药强省建设，发挥好湖南中医药优势资源，需要形成自身产业优势，推动湖南中医药产业化现代化。近年来，省委、省政府将中药产业链列入全省 20 个工业新兴优势产业链之一，中药千亿产业链雏形初步成形。全省中药材资源蕴藏量排全国第 2 位，中药材种植面积达 450 万亩。双牌厚朴、隆回金银花、靖州茯苓、邵阳玉竹、龙山百合、湘潭莲子、安仁白术、新化黄精等都逐步形成了极具特色的产业集群带。尤其是武陵山片区和罗霄山片区，中药材种植业已成为乡村振兴的重要抓手。

虽然整体上湖南中医药行业发展较快，政策扶持力度较大，但是随着医药质量标准、规范的要求不断提高，中医药产业发展也面临创新能力不足、投入不够、科技水平滞后、医药健康产业人员的整体素质有待提高等问题，可持续发展面临诸多挑战。中医药产业的总体实力及竞争力还不强，尚未形成自身产业优势，缺乏行业龙头企业，普遍规模不大，与发达省份相比、与新时代的发展要求相比还有较大的差距。建设中医药强省，做大做强中药制造业和中医服务业，对于调整优化湖南产业结构和增强经济发展后劲至关重要。未来应紧扣建设中医药强省的战略目标，充分释放湖南中医药产业的巨大潜力，持续做大做强中医药产业，形成湖南经济发展的新增长极。

二、中医药科技创新为湖南科技成果转化拓展新渠道

高水平的中医药科技创新成果，为湖南打造具有核心竞争力的科技创新高地提供特色支撑。中医药是中国古代科学的瑰宝，是我国具有原创优势的科技资源，具有引领生命科学未来发展的巨大潜力。"十三五"期间，湖南省5家单位入选首批国家中医药传承创新工程项目建设单位，3家中医医院获批国家基本中医药循证能力建设项目，中标国家科技部重大新药创制项目3项，获国家科技进步奖1项。湖南中医药大学临床医学、药理学与毒理学进入ESI（基本科学指标数据库）学科全球排名前1%，中医眼科学、针灸学、中医肝胆病学、中医诊断学、中医肛肠病学入选国家中医药管理局"十四五"高水平中医药重点学科。湖南省中医药研究院加速湖湘名医名方处方挖掘、中药制剂关键技术、中药制剂质量评价与溯源体系构建等方面的研究，其成果"湖南中药资源普查与资源品质评价技术构建及应用"获中国中医科学院中药资源普查科技奖励一等奖。湖南"四大实验室"之一的芙蓉实验室将中医药创新发展纳入建设布局的重要内容，设有1个中医药精准医学研究部、1个中药制剂关键技术研发平台和3个中医重大疾病研究中心。这些高水平的中医药科技创新成果和平台，为把湖南打造成为中部地区中医药科技创新高地奠定了坚实基础。

高质量的中医药新药和技术研发，成为湖南科学技术成果转化和产业高质量发展的增长点。湖南坚持以中医药科技成果

转化为引领，加大企业、医疗机构、高等学校、科研机构等协同创新，促进中医药产品研发、成果转化和应用示范平台的建设，不断完善中医药产学研一体化创新模式。湖南中医药科技创新和成果转化具有优良传统，古汉养生精、乙肝宁颗粒剂、肝复乐片、驴胶补血颗粒、妇科千金片、四磨汤、代温灸膏、天麻首乌片、益龄精等中药新药的研制，成为启迪古汉、九芝堂、千金药业、汉森制药、正清制药等中药生产企业的拳头产品或知名品牌，累计产值超过 200 亿元。其中，盐酸青藤碱缓释片是国内第一个中药缓释剂；肝复乐片是国内第一个抗癌 II 类中药新药；"中药超微粉体关键技术的研究及产业化"项目研究成果在湖南省各大中医院推广应用，获国家科技进步二等奖。随着 Atta 院士中国唯一的院士工作站——"一带一路"传统医药院士工作站（Atta 院士系巴基斯坦科技部和教育部前部长、中国科学院外籍院士）、刘良院士工作站相继落户湖南，湖南中医药研发水平和中医药产业发展的国际化水平将进一步提升。未来中医药千亿级新兴产业链的潜力和优势将不断释放，大健康产业培育将有望成为湖南战略性支柱产业、人民群众满意的新兴产业、拉动经济稳定增长的重要支撑。

三、中医药独特资源为湖南乡村振兴注入新动能

在推进乡村振兴的过程中，中医药对促进农村一二三产业融

合发展，支持和鼓励农民就业创业，拓宽增收渠道有着极其重要的意义，是乡村振兴发展的重要引擎之一。湖南中医药历史传统悠久，群众基础好，信中医、用中药者比较普遍。中医药对很多常见病效果好，它以丰富的治疗手段和灵活的方法，受到广大群众的欢迎，成为解决群众看病难、看病贵问题的一个重要途径。

中医药既是医养健康独特资源，也是高效农业、文化创意、精品旅游等传统产业改造升级的重要力量。中医药更因其贯通一二三产业形成"全产业链"特性，在一定程度上可以激活并推动经济转型升级，培育起以健康产业为主导的特色竞争优势，为推动湖南经济结构调整和发展方式转变、助力新旧动能转换作出积极贡献。

当前，通过实施乡村振兴战略、建设中医药产业发展综合试验区，大力推进中药材产业抓点示范、标准化建设、技术培训、指导服务等工作，有效促进中药材产业稳定发展，带动了广大群众增收。在乡村振兴中，农村可以依托自身条件优势，创新中医药健康产品，发展生态养生社区小镇、中医药博物馆、中医药博览会、药用植物观赏、医药保健服务、中医药文化产业园等主题项目，探索建立全方位、多元化、多层次的中医药健康产业服务品牌，形成规模和品牌效应，进而形成中医药健康旅游产业链集群。通过建立道地保真药材管理规范体系，运用高科技手段，加强中药材种植过程的监测与管理，营造智慧化的生态环境健康场景，助力乡村生态文明建设和生态环境保护。中医药文化汇集了几千年来中华民族保护个体生命和族群健康发展的经验，以人为本、医乃仁术、天人合一、调和致中、大医精诚等理念集中体现了中华民族高尚的道德情操。引进相关中医药资源形成新的文化元素，拓宽中医药乡村文化传播渠道，创新中医药乡村文化产品，培育中医药乡村文化品牌，使中医药乡村文化产业成为具有较强渗透性与辐射性的新动能产业。

第 2 章

湖南建设中医药强省的
基础与挑战

当前，中医药振兴发展迎来天时、地利、人和的大好时机，希望广大中医药工作者增强民族自信，勇攀医学高峰，深入发掘中医药宝库中的精华，充分发挥中医药的独特优势，推进中医药现代化，推动中医药走向世界。

——2015 年 12 月 18 日，习近平致中国中医科学院成立 60 周年的贺信建设中医药强省，要深入学习贯彻习近平总书记关于中医药工作的重要论述，进一步增强推进中医药振兴发展的思想自觉和行动自觉，牢牢把握湖南中医药振兴发展的基础优势，深入分析湖南在中医药发展中面临的困难和问题，积极落实相关决策部署，推进湖南中医药事业跨越式发展。

第一节

湖南建设中医药强省的基础与优势

　　湖南是中医药大省，有着悠久的中医药文化传统、丰富的中医药资源、鲜明的中医药地域特色以及坚实的中医药产业基础。切实把中医药这一祖先留给我们的宝贵财富继承好、发展好、利用好，是湖南建设中医药强省的初心和使命。

一、中医药医疗资源丰富多样

湖南具有丰富的中医医疗资源。国家卫生健康委员会编撰的《2022中国卫生健康统计年鉴》相关数据显示，2021年湖南省中医类医疗机构数为211家（全国排名第6位）、中医类医院编制床位67299张（全国排名第4位），处于全国领先水平。目前，湖南省所有市州均建有达到三级甲等标准的中医医院，中医药服务覆盖率处于全国第一方阵。84个县市建有县级公立中医医院，其中74家达到二级甲等以上标准，并建成有224个省级中医重点专科。湖南可提供中医药服务的社区卫生服务中心、乡镇卫生院、社区卫生服务站、村卫生室分别占100%、98.4%、84.81%、53.92%。湖南二级以上中医医院普遍建立"治未病"科室，全省0~36个月儿童、65岁以上老年人中医健康管理率分别为69.91%、67.47%。同时，中医药在服务和应对重大公共卫生事件方面发挥了独特优势，2020年新冠肺炎疫情防控中，全省中医药参与比例达96.37%，高于全国平均水平。除医疗资源外，湖南省还有丰富的中医药健康养生资源，可实现中医药康养文旅融合发展。目前，湖南省有3家单位获批第一批国家中医药健康旅游示范基地单位，有5个国家级、22个省级森林康养基地。同时，通过推进文化旅游融合，打造湖湘中医药旅游亮点。此外，民营健康养生机构众多，湖南现有以中医养生、足浴按摩为主体的养生保健企业3万多家，足浴产业规模逾200亿元。

表2-1　湖南省中医医疗资源情况

项目	指标	数值	全国位次	中部六省位次
2021年湖南省中医类医院机构数	机构（家）	211	6	3
2021年湖南省中医类医院床位数	编制床位（张）	67299	4	2
2021年各地区中医类医院人员数	在岗职工数（人）	65255	6	2
	卫生技术人员（人）	56468	6	2
	其他技术人员（人）	2824	5	2

二、中医药科技创新能力提升

《2022年中国中医药医疗服务传承创新发展省际竞争力报告》显示，湖南在全国中医药医疗服务传承创新发展评价中总得分74.69分，全国排名第7位，中部六省排名第2位。依托产学研一体化机制和平台，湖南中医药传承创新发展不断推进。截至2021年11月，湖南有5家单位入选首批国家中医药传承创新工程项目建设单位，建设有中医中风病等10个重点研究室，3家中医医院获批国家基本中医药循证能力建设项目；中标国家科技部重大新药创制项目3项，立项省级中医药科研计划项目715项；获国家科技进步奖1项，省自然科学奖、省科技进步奖42项。科技创新能力日渐增强，9家中医医院入选2020年中医药特色优势和科技影响力中医医院全国百强，数量居全国第一。全省中药企业有 3 家国家企业技术中心、17 家省高新技术企业，国家技术创新示范企业和企业技术中心不断增多，成功开发金英胶囊、紫贝止咳颗粒等中药新药。

《中国中医药传承创新发展报告（2021）》中有关"中国中医药科研能力评价报告"相关数据显示，目前国内期刊中医药论文发表及被引用次数中，湖南居全国第 8 位、中部六省第 1 位；SCI 期刊论文发表数量居全国第 9 位、中部六省第 1 位。《中国中医药传承创新发展报告（2021）》通过参考国家中医药管理局发布的《中医药发展战略规划纲要（2016—2030 年）监测指标表》中的中医药创新监测指标，从中医药投入与产出角度分析了全国不同省份的中医药科研能力，31 个省（区、市）中医药科研能力评价得分和排名结果中，湖南居全国第 6 位、中部六省第 1 位。此外，湖南中医药科研机构在研课题数、中医药科学研究与技术开发机构研发人员数排名均靠前。

三、中医药产业发展基础厚实

湖南是全国药材种植重要基地。湖南地貌以山地、丘陵为主，山地面积占全省总面积的 51.2%，全省三面环山，形成从东南西三面向北倾斜开口的马蹄形状，非常适于药材种植。据统计，全省植物药蕴藏量 107.8 万吨，动物药 1306 吨，矿物药 1147 万吨，居全国前列。常年种植大宗品种 50 个，是全国 8 个中药材种植基地省份之一。湖南中药材产销量高，如玉竹、百合、吴茱萸、山银花、栀子、厚朴、杜仲、黄精等药材已成为全国优势品种，其中玉竹、百合、吴茱萸、黄精产量分别占全国的 80%、70%、50%、30%。目前，全省中药材种植面积达 450 万亩，种植基地示范县 20 个，种植企业（合作社）3000 余家，种植业产值达 185.6 亿元。中药工业规模以上企业 162 家，营业收入 342.7 亿元，年产值超亿元的中药大品种 23 个，建设有邵东廉桥、长沙高桥 2 个国家级中药材市场，全省药品零售企业近 2 万家，中药全产业链年产值超千亿元。

湖南中医药企业迅速壮大。全省中药产业链规模企业 372 家，年主营业务收入 571.3 亿元。中药材初加工或饮片原料生产企业 1540 家，获 GMP 认证中药饮片企业 65 家。在中成药制造领域，集聚了九芝堂、千金药业等一大批优秀企业；九芝堂、景峰、千金、汉森、天地恒一、天济草堂 6 家企业入选中药企业百强榜；千金药业、九芝堂荣登第 12 届中国主板上市公司价值百强榜；方盛制药、正清制药、天地恒一等企业中药现代化水平大幅提高；炎帝生物、绿之韵、希尔药业、绿蔓生物等大健康代表性企业快速壮大；馨恒堂、新汇制药、博世康、补天药业、华夏湘众等饮片加工企业颇具规模；大自然、华光生物等中药提取企业 80% 产品出口欧美。中医药拳头产品也日趋增多，妇科千金片、古汉养生精、正清风痛宁、汉森四磨汤等 28 个中药单品种年销售过亿元，形成治疗妇科、消化系统、心脑血管疾病及抗肝炎、抗风湿、抗肿瘤、滋补养生等一批优势品牌产品。

湖南中药商贸流通业在全国具有较大辐射力和影响力。据统计，全省共有药品批发和零售连锁企业总部 547 家，药品零售企业 19909 家，中药材、中药饮片及中成药年流通额约 140 亿元。2023 年，首届湖南（廉桥）中医药产业博览会总贸易成交额突破 128 亿元。中药零售业发展迅速，老百姓大药房、养天和大药房、益丰大药房、千金大药房等"药房湘军"迅速崛起，湖北、江苏、上海、浙江、江西等地都有"药房湘军"的身影。

专栏 2-1

"南国药都"——湖南省邵东市廉桥镇

湖南省邵东市廉桥镇素有"南国药都"的美誉，全镇以廉桥中药材专业市场为依托，以中药材为支撑，推动了一二三产业的蓬勃发展。涌现出中国驰名商标松龄堂，省级农业产业化龙头企业弘华等。截至 2021 年 11 月，全镇成立了 9 家中药饮片深加工企业、69 家药材加工企业，年产值超过 110 亿元；带动本镇及周边 10 多个乡镇种植中药材，面积达 14.6 万亩，玉竹、玄参、射干等道地药材产销量占全国 80% 的份额，已形成较为完善的中药材产业链。廉桥中药材特色小镇是全国第一批特色小镇、湖南省首批十个农业特色小镇之一，廉桥中药材专业市场在全国中药材专业市场综合排名第四，全镇中药材种植面积近3万亩，其中丹皮、玉竹、桔梗、玄参等道地药材产、质均居全国之首。

（数据来源：邵东市人民政府网、红网）

四、中医药人才队伍强大

湖南有一大批医技精湛、医德高尚的优秀中医药人才。截至2022年，全省有国医大师4名、全国名中医4名、"百千万"人才工程（岐黄工程）岐黄学者1名。全省中医药健康服务队伍强大。据《中国中医药年鉴（行政卷）》2020卷数据，湖南中医执业（助理）医师数为28460人，全国排名第8位。为了培养更多中医药人才，湖南有机衔接院校教育、继续教育、毕业后教育，全面改善人才队伍结构，中医药"神农人才"工程初见成效。全省有开设中医药相关专业的高等学校和中等职业学校26所，在校中医药专业学生3.6万人，已经建设国家级中医住院医师规范化培训基地13家。"十三五"期间，湖南新增国家和省级名老中医药专家传承工作室76个，培训基层中医药人员1万余人次。

五、湖湘中医药文化传播深远

湖湘中医药文化底蕴深厚，古有仲景坐堂行医、药王龙山采药等，近现代亦是名医辈出、名药荟萃。中医药始祖炎帝安寝于炎陵县，医圣张仲景在长沙撰写了《伤寒杂病论》，马王堆医学更是一张享誉海内外的文化名片。1982年的"衡阳会议"被称为中医药发展史上的重要里程碑，彰显了湖湘中医药文化"心忧天下，敢为人先"的精神特质。湖南中医五老——李聪甫、谭日强、刘炳凡、欧阳锜、夏度衡，被誉为医界楷模，享誉全国。近年来，全省上下"信中医、用中医、爱中医"的观念不断增强。"十三五"期间，湖南创建了3个国家级中医药文化宣传教育基地，遴选建设了10个省级科普教育基地，开展各级各类科普巡讲，受益群众200万余人次，切实提高了湖南中医药文化普及率。同时，湖南积极开展中医药文化国际交流，先后合作建立了"中国-卢森堡中医药合作研究中心""中国-巴基斯坦中医药民族医药研究中心"和"中国-巴基斯坦中医药合作中心"。2019年4月，湖南中医药大学第一附属医院迪拜分院正式揭牌。2020年9月，中国-津巴布韦中医针灸中心挂牌启用，并在中塞友好医院开展中医标准化诊室建设，探索提供中医药诊疗服务等。当前，湖南中医药事业在国内外具有良好的口碑，为中医药强省建设营造了浓厚氛围。

第二节

湖南建设中医药强省
面临的问题与挑战

湖南是中医药大省，但不是中医药强省，在管理体系、产业扶持、市场引导等方面存在制约中医药事业发展的突出问题。

一、协调管理"多而不顺"

湖南在 2017 年就发布了《湖南省贯彻〈中医药发展战略规划纲要（2016—2030 年）〉》，启动"全面振兴我省中医药事业，建成中医药强省"的战略部署，提出到 2030 年实现全面建成中医药强省的奋斗目标。近年来，先后出台《关于加快中医药发展的决定》《湖南省实施〈中华人民共和国中医药法〉办法》《湖南省中医药"产业振兴"工程实施方案（2021—2025 年）》《湖南省中医药健康服务业发展行动计划（2022—2025 年）》等政策法规，中医药事业发展的环境不断优化。但是，目前配套政策与落实机制不多。比如，中医药产业发展涉及农业农村、工信、中医药管理局等多个部门，处于多头分割管理的阶段。如中医药管理部门牵头负责中药资源普查、中医药事业发展，农业农村部门牵头负责中药材种植，工信部门牵头负责企业生产，市场监管部门牵头负责药品流通经营，药品监管部门牵头负责质量监管，医保部门牵头负责药品价格等。总体而言，缺少强力权威的牵头单位，没有形成合力，管理协调体制不完备，过程不顺畅，无法进行高效的统筹规划，领导工作机制有待完善，政策制度落实难度较大。

二、产业规模"大而不强"

在中药种植业上，湖南虽是中药材大省，但中药农业的整体发展水平相对落后，难以支撑中药材生产的"规范化"和"规模化"要求，离"现代化"还有很漫长的道路。一是中药材发展重点不突出。全省中药种植品种较多，但规范化种植品种少，目前全省通过国家GAP认证的基地仅有一家（补天药业茯苓基地），没有形成与云南三七、吉林人参、甘肃枸杞类似的中药材大品种。二是中药材种植不规范。全省中药材种植仍以小农分散化种植为主，GAP模式难以大面积推广，种植散、小、乱，道地性不明晰，种苗缺乏管理，栽培有待规范，质量控制难度大。三是中药材质量参差不齐。缺乏质量分级与评价体系，优质优价机制不完善，中药材质量与安全性堪忧。此外，部分药材种植过程中滥用农药化肥、生长调节剂等，导致中药材品质严重下降；重采轻育、生态环境破坏等，导致部分野生药材品种供应紧缺，部分中药材产区萎缩。在中医药企业方面，湖南虽然具有中医药产业基础，但缺乏大企业引领。目前，湖南省有中医药产业链规模企业372家，多而不强。工信部公布的中国医药工业百强榜，湖南医药工业企业2014、2015、2016、2018年连续落榜，2017年仅有九芝堂入榜，排名第77位。2022年度，湖南5家入选"中国中药企业TOP100排行榜"的企业中，只有九芝堂、株洲千金药业分别排名第27位和第32位，其他3家排名均在第60位之后。总体而言，湖南医药工业缺少产值过100亿元的龙头企业，中药产业链建设缺乏有较强影响力和强劲带动力的大企业。此外，中医药产品方面缺乏大品种带动。湖南中药单品种年产值过亿元的只有28个，尚无年产值过10亿元的单品种，最大单品种（妇科千金片／胶囊）年销售也仅8.2亿元。湖南中药产业链亟需单品种年产值达几十亿元甚至上百亿元的大品种（如云南白药、步长脑心通胶囊等）带动。中医药产品创新相对缺乏科技竞争力。《中药大品种科技竞争力报告（2019版）》研究结果显示，湖南入围产品数18个，占总数的3.1%，排在全国第14位；总科技竞争力不及江苏、广东、四川、山东、天津、贵州的一半，排在全国第16位；产品平均竞争力远低于天津、江苏、上海、福建等，排在第17位。

三、市场流通供销脱节

目前，湖南省中药市场服务体系相对不健全，市场协调机制、流通渠道相对不完善,"湘企不用湘药材"便是一种典型表现。湖南省中药产业链条不完整,上下游产业链之间信息不畅通,产业链向上(研发)、向下(服务、贸易、物流)延伸能力差,造成中药材供应与市场需求之间不匹配,产供销脱节现象较为严重。加之缺乏有效透明的信息指导,导致中药材价格波动较大,出现药材丰年价低伤农、来年市场紧缺而致价高伤民等问题。

四、扶持引导亟待加强

由于政策落地措施和助推保障机制仍有待完善,相比云南、江西等省,湖南目前在基地建设、产业政策、资金引导、市场培育、文化传播等方面缺乏有力措施。以中成药推广应用为例,一些湖南知名中药品牌虽进入政府采购目录,却很难进入湖南省医院,"湘人不用湘药"现象突出。湖南药企品种被纳入省医保目录的数量不多,严重影响本地销售。而湖南的招标体制、医院药事审评等市场准入门槛高,加之国家取消了各省《基本药物目录》的增补权限,加剧了湘药进入医院及医保的难度,特别是进入以西医为主的医疗机构更是难上加难。相比之下,云南白药、天津天士力、河北以岭药业等都是当地政府在本地市场拓展上给予了大力支持。中医药服务性产业是中医资源的重要组成部分,但湖南中医药养生保健机构数量较多,规模较小,机构水平参差不齐,亟待整合形成有实力、有水平、有规模的龙头企业。中医养生保健产品研发生产水平较低，还没有形成产、学、研、管一体化的完善体系，需要整合提高以满足人民群众日益增长的多层次、多样化养生保健服务需求。中医药文旅产业资源整合及特色优势仍有待挖掘。湖湘中医药文化源远流长，中医药旅游资源丰富，但缺乏有效整合、产业引导与文化宣传，中医药产业特色没有达到湘菜、湘茶、湘绣、湘瓷等的知名度和认可度，没有形成旅游、观光、休闲、饮食等产业链式的湖湘中医文旅品牌、文化地标、宣教基地、文化精品等，特色彰显不够，社会影响力不强。

此外，制约湖南中医药事业高质量发展的因素还有：中医药服务体系不够完善，区域发展不平衡；符合中医药人才成长规律的中医药教育体系尚未有效建立，高层次人才相对缺乏，基层人才不足；中医药科学技术创新体系、评价体系和管理机制不够完善，科技创新投入不充分，创新驱动成效不显著；中医药对外交流与合作的深度与广度不够等。

第 3 章

推进中医药强省建设的总体思路

要遵循中医药发展规律,传承精华,守正创新,加快推进中医药现代化、产业化,坚持中西医并重,推动中医药和西医药相互补充、协调发展,推动中医药事业和产业高质量发展,推动中医药走向世界,充分发挥中医药防病治病的独特优势和作用,为建设健康中国、实现中华民族伟大复兴的中国梦贡献力量。

——2019 年 10 月,习近平对中医药工作作出的重要指示

2021 年 11 月，湖南省第十二次党代会明确提出，建设中医药强省，争创国家中医药综合改革示范区。根据《湖南省"十四五"中医药发展规划》，湖南将以创建国家中医药综合改革示范区为总抓手，以体制机制改革、医疗服务、科技创新、人才培养、产业发展、文化传播为重点，以问题为导向，聚焦人民群众看病就医的痛点，疏理阻碍中医药发展的堵点，攻克影响中医药发展的难点，推动中医药事业和产业高质量发展，到 2025 年，实现由中医药大省向中医药强省的跨越式发展。

第一节

以建设国家中医药综合改革示范区为总抓手

一、坚定建设好国家中医药综合改革示范区的信心

　　布局国家中医药综合改革示范区，是我国打造中医药发展高地，形成推动中医药高质量发展区域增长极的重要举措。在省

委、省政府的高度重视与高位推动下，湖南中医药事业和产业取得了显著成绩。"十四五"时期，湖南中医药发展进入新阶段，开启了建设中医药强省的新征程。建设国家中医药综合改革示范区，湖南具有扎实的基础和较强的优势。

一是区位优势明显。湖南作为传统中医药大省，是我国中部重要省份，地处"一带一部"，总人口中部排名第二，具有承东启西、贯通南北、通江达海的区域优势，在建设国家中医药综合改革示范区中意义重大。

二是中医药发展成绩斐然。全省中医医院实有床位和卫生技术人员数居全国前列，9家中医医院入选2020年中医药特色优势和科技影响力中医医院全国百强，数量居全国第一。3个市州被评为全国基层中医药工作市级先进单位，40个县市被评为全国基层中医药工作县级先进单位。医院中药制剂备案达411个。

三是改革创新氛围良好。全省中医药大会提出建设中医药强省的奋斗目标，将中医药工作列入对市州党委政府绩效考核内容。省级财政从2007年起设置中医药专项经费，并逐年提高。全省绝大多数市州已出台促进中医药传承创新发展具体举措。省直相关部门支持中医药发展，做好协调配合。例如，医保部门出台了支持中医药传承创新发展的相关文件，将109个中医类项目价格整体上调15%。药监部门出台《关于医疗机构中药制剂调剂使用有关事项的通知》，首批支持44个医院中药制剂在全省范围内调剂使用。发展改革、外事、人力资源和社会保障、工业和信息化、农业农村、科技等部门也对中医药发展给予专项支持或政策倾斜。全省现已形成党委统一领导、党政齐抓共管、部门协调配合、社会广泛参与的良好工作格局和改革创新氛围。

二、全力推进国家中医药综合改革示范区建设

2021 年 12 月，国家中医药管理局等五部委（局）批复同意湖南等七省市建设国家中医药综合改革示范区。此次成功获批建设，是湖南实施中医药强省战略的里程碑式事件，是近年来湖南加快推进中医药高质量发展的一个标志性成果。

当前，湖南正处于建设中医药强省的战略机遇期，需要以综合改革示范区建设为统领，抢抓机遇、深化改革、精准发力，尤其是要发挥好湖南中医药的优势，形成强大的凝聚力和竞争力，推动湖南中医药事业和产业高质量发展。要推动中医药体制机制改革创新，建成中部地区中医药服务高地、人才聚集高地、科技创新高地、产业发展高地和内陆地区中医药改革开放高地，使中医药发展整体水平进入全国前列，成为全国中医药高质量发展的排头兵。目前，湖南正根据《湖南省建设国家中医药综合改革示范区实施方案》，启动实施国家中医药综合改革示范区先导区和试点县（市），医养结合示范县市区、示范机构、示范项目，中医特色诊疗中心等项目，中医药强省的目标蓝图正一步步变为美好现实。

第二节

以实施中医药传承发展
"五大工程"为核心

　　为加快推进建设中医药强省，湖南作出一系列战略部署，聚焦中医药传承发展的核心问题、关键环节，实施中医药"服务提质""神农人才""科技创新""产业振兴""文化弘扬"五个重大工程，着力推进湖南中医药高质量发展再上一个台阶。

一、实施中医药"服务提质"工程

　　做优做强省级中医医疗机构，加快湖南中医药大学第一附属医院建设，争创国家中医医学中心或国家区域中医医疗中心，建成湖南中医药大学第二附属医院国家中医疫病防治基地、湖南中医药高等专科学校第一附属医院国家中医紧急医学救援基地。加强市级中医医疗机构建设，强化内涵式发展，建设一批中医特色重点医院。大力发展中医诊所、门诊部和特色专科医院，构建融预防保健、疾病治疗、医养康养为一体的中医药服务体系。发展土家族、侗族、苗族、瑶族等少数民族医药，打造湖湘特色流派医学。深入实施中医基层中医药服务提升工程。力争实现县办二级甲等中医医疗机构全覆盖，全部社区卫生服务中心和乡镇卫生院设置中医馆、配备中医医师。促进中医治未病健康工程升级，推进医疗机构建设中医治未病中心和中医康复中心。鼓励社会资本建设中医治未病中心、康复医院、疗养院、护理院等中医特色服务机构，积极发展中医药健康养老，鼓励二级以上的中医医院开设老年医学（老年病）科，与养老机构合作共建医疗养老联合体。持续推动公立中医医院探索建立体现中医医院特点的现代医院管理制度，健全评价与绩效考核制度，强化以中医药服务为主的办院模式和服务功能。

专栏 3-1

中医药"服务提质"工程

争创 1 个国家中医医学中心或国家区域中医医疗中心、5 个省级区域中医医疗中心。高标准建设省级中西医结合医院，建设一批中西医专科医疗体，打造中西医协同"旗舰"医院、"旗舰"科室、"旗舰"基层医疗卫生机构。建设 7 个国家中医特色医院、10~15 个省级中医特色医院。争创 15~20 个国家中医优势专科，创建 4 个省级治未病推广中心。

二、实施中医药"神农人才"工程

深化医教协同，进一步推动中医药教育改革与高质量发展，重点支持湖南中医药大学创建省部局共建高校，支持湖南中医药高等专科学校发展本科教育，支持湖南医药学院、湖南食品药品职业学院等相关院校高水平建设一批中医药专业（群）。建设一批国家级中医药重点学科、专业，建设一批国家标准化规培实践技能考核基地、中医医师规范化培训基地、中医药产教融合实训基地等，搭建多层级的中医药传承与创新人才培养平台。持续开展省级名医遴选工作，持续推进全国名老中医药专家传承工作室、基层名老中医药专家传承工作室建设，开展老药工传承工作室建设。开展中医药领军人才、学科带头人、骨干人才等高层次人才培养，建立一支领军人才、优秀人才、骨干人才梯次衔接的高层次人才队伍。加强基层中医药人才队伍建设，招录一定数量的农村订单定向免费培养医学生，培养输送大批实用型的中医药人才，充实基层中医馆。完善落实西医学习中医制度，支持湖南中医药大学开展九年制中西医结合教育试点，建设1~2个国内一流的中西医结合学科，培育一支中西医结合多学科交叉创新队伍。支持临床、口腔、公共卫生类别医师接受必要的中医药继续教育。完善以品德、能力、实绩为导向的中医药人才评价机制，将会看病、看好病作为中医医师的主要评价内容，构建引导中医药人才注重临床、服务基层的评价导向，推动建立符合中医药特点的人才使用与职称评聘制度。

中医药"神农人才"工程

创建 5~7 个全国老药工传承工作室、20~30 个全国名老中医药专家传承工作室、50 个全国基层名老中医药专家传承工作室，建设 30 个省级名老中医药专家或老药工传承工作室。争创 1 个国家中医药多学科交叉创新团队、1~2 个国家中医药传承创新团队，建设 5 个省级中医药传承创新团队。遴选培养 10 名中医药领军人才，100 名中医药学科带头人，500 名中医药骨干人才，1000 名中医药特色人才，3000 名中医药实用型人才。培训 1500 名左右规培（含助理）师资，培养 5000 名左右合格住院医师（含助理）。

三、实施中医药"科技创新"工程

深化科研制度改革，建立符合中医药特点、促进中医药发展的科研评价体系、标准体系和激励机制。支持高等院校、科研院所、医疗机构及企业培育创建一批国家中医药传承创新中心、工程研究中心、技术创新中心和重点实验室，布局建设省级中医临床医学研究中心、中医类智能装备研发中心、中药材良种繁育研究中心、湘中药产业化研究中心等。加强湖南省中医药研究院科研创新能力建设，将其打造成中部地区中医药科技创新龙头；加强中南大学中西医结合研究所建设，将其打造成中部地区中西医结合研究的领头羊。支持建设具有湖湘中医药特色的药物研发基础研究创新基地和岳麓山中药材种业创新中心，培育建设中医药产业技术研究院。推进国家中医临床研究基地、国家中医药传承创新工程、国家基本中医药循证能力建设和专科专病循证能力提升等项目的建设。开展中医药防治重大、难治、罕见疾病和新发突发传染病等理论与临床研究，深化中医基础理论、中医证候、诊疗规律、科学原理等重点领域的研究，加强中药新药、中医诊疗、中药制药设备等的研发。注重科技成果转化，建设一批中医药科技成果孵化转化基地，探索完善中医药产学研一体化创新模式，支持高等院校、科研院所、医疗机构及企业健全科教协同、产教融合发展机制。

中医药"科技创新"工程

争创 1 个国家中医药传承创新中心、1 个国家中医药管理局重点实验室、1 个国家药品监督管理局重点实验室，建设 2 个省中医药重点实验室、2 个省中医药技术创新中心、2 个省中医药工程研究中心、3 个省中医临床医学研究中心。围绕重大、难治、罕见疾病和新发突发传染性疾病开展基础研究、临床应用研究以及循证评价研究，立项资助科研项目 800 个。遴选 8~10 个疗效独特的院内中药制剂进行新药开发。开展经典名方、名老中医经验方等的中药新药研发。

四、实施中医药"产业振兴"工程

充分发挥中医药资源优势、科技优势和产业潜力，贯通一二三产业，建立中医药千亿产业链，为实现从中医药资源大省向中医药强省跨越提供产业支撑。做大湘药材，打造"湘九味"中药材品牌，推动中药材优势品种建设，培育、保护、推广湖湘道地中药材，建设中药材优势特色产业集群。做强"湘中药"，遴选一批疗效可靠、技术含量高、市场基础较好的重点中成药品种，纳入湘药大健康品牌培育库，实行"一品一策"定向精准培育，力争培育一批年销售额过 10 亿元的中成药大品种和过亿元的优势新产品。提升"湘中药"附加值，推动中药产品由初级切片向中药饮片、中药提取物、中成药、保健品、药食同源产品、生物酶、中兽药与饲用添加剂、日化产品等全产业链延伸，打造科技含量高、附加值高、产业后劲足的大品种产业链。以"湘中药"大品种为基础，培育一批专精特新企业，通过整合资源、兼并重组促成龙头企业，形成 1~2 个年销售过 100 亿元的中医药大企业集团，推动"湘药企"做大做强。建立以浏阳生物医药园为核心的现代中药产业基地，推动中药材、中药系列深加工和大健康产品一体化发展，推动中药产业园区经济高质量发展。做活湘药供应链，充分利用物联网、大数据等新技术，推动邵东廉桥、长沙高桥等区域专业化市场提质升级，重塑"南国药都"品牌，实现"药在廉桥最全、储在廉桥最优"的目标。发展中医药旅游、养生保健、健康养老、中医药文化等新业态，打造一批以浏阳社港、邵东廉桥等为代表的中医药特色小镇。建设一批以郴州安仁等为代表的医养型、山水型、养生休闲型的中医药康养示范基地，研发推广一批药膳、药妆、药浴、药食同源等中医药大健康产品，推出一批中医药文化影视精品，形成中医药文旅、康养等新兴产业链。

中医药"产业振兴"工程

建设 30~40 个"定制药园"种植基地、15~20 个省级道地药材良种繁育基地、30~40 个道地药材生态种植（养殖）示范基地，提质建设 20 个中药材种植基地示范县。中药材种植面积达 500 万亩。建设 40~50 个中药材产地初精深加工示范基地，研发培育 20~30 个中药食品、保健食品和保健用品、日化与化妆品，开发 2~3 个中医药治疗领域有特色的中成药，支持培育 2~5 个年产值过 10 亿元、新增 20 个年产值过亿元的中药大品种。建立一批中医药产业园区。创建 2~3 个国家中医药健康旅游示范区，开辟 5~8 条康养精品旅游线路，打造 30~40 个具有中医药特色的省级森林康养基地，推进 4~6 个中医药特色小镇建设。中医药产业总产值突破 2000 亿元。

五、实施中医药"文化弘扬"工程

系统梳理湖湘中医药发展源流与脉络，进一步加强马王堆中医药文化研究，创作一批承载中医药文化的创意产品和文化精品，形成马王堆文化品牌，推动中医药与广播影视、新闻出版、动漫游戏、体育演艺等融合发展。鼓励引导社会力量通过各种方式发展中医药文化产业。加强中医药文化传承与传播，高标准建设湖南省中医药博物馆和衡阳会议纪念馆，打造炎帝陵、仲景祠、药王殿、橘井泉香、老司城等一批中医药文化地标，积极创建国家级、省级中医药文化宣传教育基地。充分利广播电视、新闻出版等媒体优势，运用新媒体等手段，广泛开展中医药文化科普宣传，推动中医药文化进医院、进校园、进社区、进家庭，营造"信中医、用中医、爱中医"的社会氛围。

专栏 3-5

中医药"文化弘扬"工程

编写 3~5 种针对不同受众的中医药文化读物，创作 10~15 个中医药文化和湖湘文化相融合的科普作品，推出 10~15 个具有湖湘特色的中医药文化研究成果。争取入选 3~5 个国家级非物质文化遗产名录，形成 10~15 个具有湖湘特色的中医药文化研究成果。创建 2~3 个国家级中医药文化宣传教育基地、1~2 个国家级中医药文化体验场馆，建设 70~80 个省级中医药文化宣传教育基地，建设 1~5 个中医药文化网络传播平台，建设湖南省中医药博物馆、衡阳会议纪念馆等 4~5 个省级中医药文化体验场馆。开展中小学生中医药科普知识教育，定期举办湖南省中医药健康科普知识大赛，持续开展公民中医药健康文化素养监测。

第三节

以开展中医药服务 "四项行动" 为重点

聚焦中医药医疗服务领域的重点工作，开展中医药服务"基层惠民"、医疗服务"中西协同"、中医药"海外传播"和中医药"质量保障"四个专项行动，促使中医药服务全方位全周期护航群众健康。

一、开展中医药服务"基层惠民"行动

基层是中医药事业和产业发展的基础。湖南省将开展"中医馆进基层""适宜技术进基层""中医药人才进基层""中医医院联基层""名中医团队进基层""中医知识进基层"等六个项目，创建中部地区基层医疗服务的样板。实现全部社区卫生服务中心和

建制乡镇卫生院具备中医药服务能力，100% 的社区卫生服务站和 80% 以上的村卫生室能提供中医药服务，基层医疗机构中医药诊疗量占比不低于 35%；实现所有市级中医医院建立中医药适宜技术培训中心，县级中医医院建立中医药适宜技术推广基地；实现每个基层医疗卫生机构配备 2~3 名中医药人员；实现医联体、医共体带动发展基层医疗；实现名中医团队进社区、进基层，为基层群众提供一流中医药服务；实现中医药健康知识和养生保健方法的大力普及。

二、开展医疗服务"中西协同"行动

重构中西医结合服务体系，高标准建设省级中西医结合医院，支持建设若干市级中西医结合医院，强化综合医院、专科医院和妇幼保健院中医类临床科室和中药房建设。建立一批中西医结合专科医联体，打造中西医协同"旗舰"医院、"旗舰"科室、"旗舰"基层医疗卫生机构。创新中西医结合诊疗服务模式，将中西医联合查房、会诊和中西医协同的多学科诊疗纳入医院章程，中西医结合医疗实践和效果纳入医院等级评审和绩效考核，强化临床科室中医医师配备，对临床类别医师开展中医药专业知识轮训，建立健全中西医结合、中西药并用的疫病防治机制，形成中西医多学科协同诊疗模式。创新妇幼中医药服务模式，引导妇幼保健机构规范建设发展中医临床科室，为妇女儿童提供全方位全周期的中医药预防保健和疾病诊疗优质服务。实施一批国家、省级中西医结合基础研究项目，开展重大疑难疾病中西医临床协作攻关，形成并推广一批"宜中则中、宜西则西"的中西医结合诊疗方案，充分发挥中西医结合在疾病防治中的作用。

三、开展中医药"海外传播"行动

全面推进中医药融入"一带一路"建设，实施中医药国际合作专项、中医药非洲援助项目、中医药医疗服务项目、中医药学术合作项目、中医药文化传播项目、中医药对外贸易项目，推进中医药教育、医疗、科研、文化、贸易等"组团式"出海。支持中医医疗机构参加国家援外医疗，在援外医疗中逐步提高中医药人员和服务占比。支持有条件的省内中医药机构积极开展多种形式的国际合作，建设6~8个海外中医医疗保健机构，办好湖南中医药大学第一附属医院迪拜分院、中国－巴基斯坦中医药合作中心、中国－津巴布韦中医针灸中心等海外中医药机构。支持湖南省中医药高等院校、科研机构、企业与国外相关机构合作建设有中医药特色的孔子学院、中医药国际实验室、院士工作站，并积极参与国际规则、标准的研究制定。加强与粤港澳大湾区和台湾地区中医药交流合作。充分发挥湖湘中医药资源优势，通过"走出去""引进来"吸引国（境）外人士接受中医药医疗、保健、健康旅游、教育培训、文化体验等服务。大力发展"互联网＋中医药贸易"，借鉴银黄清肺胶囊的成功经验，支持中药类产品以食品、药食同源产品等在"一带一路"国家和地区注册上市。借助中国（湖南）自由贸易试验区政策优势，以中非经贸深度合作先行区为载体，以争创国家中医药服务出口基地为突破口，推动湖湘中医药产品进入海外市场，加大营销力度，提高出口份额。

四、开展中医药"质量保障"行动

完善中药资源动态监测体系，加强中药溯源管理和中药全产业链质量保障，支持建设区域性中药外源性污染物检测与安全性评价中心，构建中药外源性有害残留物监测体系。建立完善药材、中药饮片、特色制剂、配方颗粒、中成药等中药质量的全链条监管，强化多部门协同监管，实现来源可查、去向可追、责任可究。规范依法执业，加强对开展中医医疗服务的各级各类医疗机构及其医师、护理、药学技术等人员的监管，加强对中医医疗机构重点科室、重点环节的监管，加强对中医医疗服务、中医养生保健服务、中医医疗广告的监管，整顿和规范中医医疗服务市场秩序，严厉打击中医药服务领域违法违规行为，促进中医药健康规范发展。

第四节

以深化制度
改革为动力

推进中医药强省建设要构建党委统一领导、党政齐抓共管、部门协同配合的工作格局，大力深化中医药管理体制机制改革，健全中医药管理体系、政策法规体系、标准体系和评价体系，探索一批综合改革的"湖南经验"，使湖南成为中医药管理体制机制改革创新的样板、贯彻落实中央关于中医药重大决策的样板。

一、全面深化中医药管理体系改革

构建权责清晰、管理顺畅、运行高效的中医药管理体系，才能有力促进中医药协调发展。一是加强管理。加强党对中医药工作的领导，深化《中医药法》贯彻实施，理顺中医药管理职能，明确中医药管理责任，建立由中医药工作跨部门协调机制，统筹推进全省中医药综合改革工作，促进中医药协调发展。建立省中医药发展联席会议制度，研究制定中医药发展中重大问题的解决方案。《中医药法》规定，县级以上地方人民政府中医药主管部门负责本行政区域的中医药管理工作。在新一轮机构改革中，应当按此要求进一步完善各级中医药管理体系。二是强化分工负责。卫健部门要全面落实中医药参与健康湖南行动、基本医疗卫生制度建设、优质高效医疗卫生服务体系建设的要求，统筹规划各级中医医疗机构布局，在资源配置、政策机制、制度安排等方面向中医药倾斜。发改部门要规划中医药建设专项，配合卫健部门做好中医医疗资源的统筹布局和建设，并积极争取国家支持。财政部门要设立中医药专项资金，切实加大对中医药发展的投入，统筹安排中医药事业发展经费和建设投入。教育部门要支持中医药院校深化教育教学改革，探索中医药人才培养模式。科技部门要加大对中医药科学研究的支持力度，设立中医药科研重大专项。金融部门要加大对湖南重点中药企业的政策支持和金融支持力度。工信、农业农村、商务部门要分别加强对中药工业企业、药材种植基地和中药市场流通的管理。

二、有序推进中医药医保和服务价格改革

当前，中药材价格不稳定、中药定价机制不完善是制约中药产业发展的重要因素。中药材价格受种植面积、自然条件影响较大，且中药种植与加工环节劳动力成本较高。为保障中药优质优价，保障在湘药企的生存发展，一是要完善中药价格定价机制。改变以西药标准确定中药价格的标准体系，建立以中药材为基础的中药价格动态机制，根据中药种质种苗、中药种植、初深加

工、市场流通等各环节的成本以及劳动力市场、自然环境、生产技术等综合因素，科学、合理地定价，确保中药优质优价。二是要稳定中药价格市场机制。探索建立湖南中药材储备库，避免药材丰年价低伤农，来年市场紧缺而致价高伤民。探索建立中药材种植补偿制，政府以专项资金的方式给予药农补助。发挥"互联网＋中药"的优势，改变落后的中药材交易方式，探索中药材期货市场，保障中药价格市场稳定有序。

同时，虽然政府在不断加大对中医药产业的支持力度，但市场准入、政府采购等相关配套政策和落实机制并不太完善。加之国家取消了各省《基本药物目录》的增补权限，"湘人不用湘药""湘企不用湘药材"现象突出。从国内来看，在同等条件下优先采购本地优质中药产品，是全国各地政策支持的重点。如四川明确提出支持川产药械的采购，对医院实际采购川产药械的比例进行考核。为此，湖南要完善医保政策，拓展本土市场。一是探索符合中医药服务特点的支付方式。将医保总额指标预算向中医医疗机构适当倾斜，适当提高中医药治疗的医保报销比例，将符合规定的中医药服务项目依程序纳入医保支付范围；将更多的诊疗方案和出入院标准比较明确、诊疗技术比较成熟的疾病实行按病种付费，探索开展中医病种门诊治疗包干结算管理，探索实行中医优势病种中西医同病同效同价支付政策，提高医保基金使用效率。在动态调整医疗服务价格过程中，对中医诊疗项目予以倾斜，重点调升具有传承价值、体现中医特色的中医诊疗技术项目价格。二是实施支持"湘人用湘药"的医保政策。优先支持本省中药产品入围招标采购，优先纳入本省医保、政府采购、应急药品采购等各类目录；支持本省中药新品种及时增补纳入省医保、药品招标采购、两型产品和基本药物等目录；将符合条件的中医诊疗项目、中药饮片、中成药和医疗机构中药制剂纳入基本医疗保险诊疗项目目录、药品目录，实现本土市场孵化和快速拓展全国市场。鼓励本土单位同等条件下优先采购本省中药产品，对二级以上公立医院采购本地中药产品进行考核，对采购总金额比例高的予以奖励，提高湘药省内市场占有率。

三、大力创新中医药运行机制改革

建设中医药强省，亟须全面改革创新中医药内部运行机制，培育有利于中医药发展的沃土。一是要创新中医药科研管理机制。赋予中医药科研机构和人员更大自主权，建立知识产权和科技成果转化权益保障机制。改革完善中医药科研组织、验收和评价体系，避免简单套用相关科研评价方法。突出中医药特点和发展需求，建立科技主管部门与中医药主管部门协同联动的中医药科研规划和管理机制。以中医临床价值为导向，加快推进重大科技项目成果转化。二是创新中药管理机制。研究制定医疗机构中药饮片炮制使用、中药制剂管理和中药新药开发等符合中医药发展规律的中药管理政策。建立科技、医疗、中医药等部门推荐符合条件的中药新药进入快速审评审批通道的有效机制。支持开展中药上市后循证研究和再评价，遴选中药品种进入医保、基本药物目录。针对符合条件的中药创新药、中药改良型新药、古代经典名方、同名同方药等，研究依法依规实施豁免非临床安全性研究及部分临床试验的管理机制。鼓励湖南科研机构、企业等对疗效独特、安全可靠的经典名方、中药特色制剂向中药新药发展与产业化，对在国家获批注册上市中药新药，给予注册申请人奖励。三是创新中医药临床管理机制。支持医疗机构开展中药饮片加工炮制。优化和规范医疗机构开展应用传统方法制备中药制剂的备案管理，鼓励有条件的中医医院或中药企业成立中药制剂委托配制中心，完善医疗机构中药制剂在医联体、医共体等范围内的调剂使用政策。四是创新中医药人才管理机制。完善公立中医医疗机构薪酬制度。改革完善中医药职称评聘制度，将中医药学才能、医德医风作为中医药人才主要评价标准，将会看病、看好病作为中医医师的主要评价内容。加大对中医药人才的支持力度，将中医药人才评选、科学研究、职称晋升等实行计划单列、单独评价。建立中医药行业表彰长效机制，定期评选全国名中医、省级名中医、基层名中医等。

四、积极探索中医药评价体系改革

要促进湖南中医药事业和产业高质量发展，必须探索建立符合中医药特点的覆盖中医药全行业的标准体系和评价体系。一是建立中西医并重的制度体系。从体制、机制、制度等方面解决"以西套中""以西律中""中医西化"等中医药发展深层次问题，实现中医和西医、中药和西药"平级管理、平行运作、平等待遇"，真正做到中西医并重、中西药并用。探索建立符合中医药特点的中医药机构、人才、科技、服务和产品的标准体系和评价体系。建立临床用药的中成药用药指导目录，形成与西医并行的中医治病的中成药体系。二是建立中药质量标准体系。加快建立由政府引导、企业为主体、科研机构为技术支撑的中药质量标准体系。研究制定中药材质量、考核评价、从业准入等各类标准，建立湖南道地中药材种子种苗、种植技术、产地加工、质量检验等关键环节的技术标准体系和评价制度，规范关键环节生产技术规范。建立中药质量评价标准体系和不同等级药材质量标准，健全中药材第三方质量检测体系。三是建立符合中医药特色的考核评价体系。完善中医医院评审和绩效考核办法，强化以中医为主的办院模式和服务功能，建立健全体现中医药特点的现代医院管理制度。完善中医药同行评议制度，对中医药机构、人才、科技、服务和产品全面实行中医药专家同行评议。

第五节

以健全保障机制
为支撑

为实现中医药强省的目标，必须强化保障机制，着力解决中医医疗服务发展、中医药人才供给和优势发挥、科技创新驱动"三个不充分"和管理、科技、产业"三个不集中"等突出问题，为建设中医药强省提供有力保障。

一、实行"三个加强"，加大扶持力度

加强中医药事业的投入。建立持续稳定的中医药发展多元投入机制，在卫生健康投入中统筹安排中医药事业发展经费并加大支持力度。各级政府要加强对中医药的财政补助，加大向中医药倾斜力度，将中医药事业发展经费纳入本级财政预算。整合工业、农业、林业、卫生健康、中医药管理等部门现有的各类财政性资金，由省财政每年整体打包拿出部分资金协同集中扶持中医药产业链建设与发展，主要用于支持种植基地建设、智能制造和信息化升级、公共服务平台建设等。设立政府引导、社会资本参与、市场化运作的湖南省中医药产业发展基金，引导、支持中医

药产业重点项目，用资金支持浇灌发展"沃土"。建立多元化的中医药产业开发投融资体系，支持中医药企业上市融资和股权融资，鼓励支持符合条件的中小企业申报高新技术企业。引导商业保险机构投资中医药服务产业。鼓励金融机构创新金融产品，支持中医药发展。组建省级中医药健康产业投资发展平台，全力服务中医药强省战略。

加强中医药规划的实施。湖南省已颁布实施《湖南省"十四五"中医药发展规划》，明确提出建设中医药强省的目标。要参照外省成功经验，以解决重点突出问题为导向，针对中医医疗服务、中药产业、中医药人才培养、中医药科学研究等重点和关键环节出台相应的扶持政策，打出支持发展、鼓励发展的政策"组合拳"。

加强中医药工作的考核。建立各省直部门、各市州年度工作目标责任制。省中医药管理部门要会同有关单位健全工作考核机制、评价指标体系及考核办法，组织对示范区建设相关责任单位和试点市州进行绩效考核，对"十四五"规划的实施开展考核。研究制定示范区创建监测评估体系，加强动态监测与跟踪分析，建立示范区建设信息发布制度，加强重大工程、重大项目的监督检查。引入第三方评估机制，在综合改革示范区创建的不同阶段，组织开展评估分析，增强建设的科学性。

二、健全"三大体系"，保障中药质量

建立健全质量安全追溯体系。支持九芝堂、时代阳光、千金药业、紫光古汉、正清制药、汉森制药等全国知名本土中药龙头企业试点应用区块链、物联网等技术建设产品质量溯源体系。强化药品企业信用体系建设，促进诚信守法经营。制定相应法律法规，加快追溯体系建设，探索开展包装追溯模式建设，实现重点中药材"从生产到消费"全程可追溯。

建立健全中药材质量分级标准体系。依托现有国家药典标准，建立道地中药材种子种苗、种植技术、产地加工、质量检验等关键环节的质量技术标准体系，规范关键环节生产技术标准。研究建立分类分级质量标准，允许行业和企业建立分级标准，提出有效成分含量标准，规范市场分级交易价格。探索建立中药材第三方质量监测体系，加强中药材标准化研究，建立道地药材生产技术标准体系和评价制度。优化重点中药材流通链条。各级中医药管理局、市场监督局，要建立健全中药材种植户、生产商、经销商审核制度。建立药材产品认证系统，对进入市场的中药材，实行药材质量检测，并进行分级认证。严格市场准入，严禁信誉差的企业和不合规的中药材生产商进入市场。

建立健全市场监测服务体系。按照"政府引导、企业投入、市场运作"的原则，重点扶持国家现代中药资源动态监测信息和

技术服务湖南中心与湖南省湘九味中药材大数据综合信息服务平台和流通服务平台。发挥"互联网＋中药"的优势，掌握资源动态变化，及时提供预警信息，为湖南中药产业发展提供现代物流及市场信息服务支撑，促进产需有效衔接。建立覆盖全省中药资源大县的集生产、检验检测、仓储、物流、交易、风险预警于一体的中药市场监测服务体系。

三、夯实"三大支撑"，发挥资源优势

夯实科研支撑。支持湖南中医药大学"湘药产业发展研究院"建设，建立中医药产业技术创新联盟，推动粤港澳大湾区"产学研一体化产业链"发展，打造一批具有核心竞争力的中医药龙头企业和研发平台。支持与中医药相关的科技企业孵化器建设，促进中医药科技成果转化与推广，加大对中医药研发成果转化的奖励力度。加强中医药科学研究，实施省中医药创新工程，设立省中医药科技研发专项，加快中药新药创制研究，推进传统中药产品的二次开发，加强名优、经典方剂的现代开发。建立区域中药制剂中心，围绕单方验方、经典名方、名医名方开展医院制剂研究。健全中医药科研激励政策，探索中医药科研经费"包干制"，赋予科研机构和人员更大自主权。建立科技主管部门与中医药主管部门协同联动的中医药科研规划和管理机制。探索中医药科技成果转化的有效机制，建立中医药科技成果转化与医院评

价、人才评价以及科学研究投入与产出评价相衔接的机制，推动一批中医药成果的应用和产出。

夯实特色支撑。构建全省中药协同创新平台，支持有条件的市州参照文山和昭通做法，建立本地优势特色中药研究机构，加快中药新技术、新产品、新工艺的转化和应用，打造全国同类药材品种科研高地。争取研发一批有湖湘特色、在全国有一定影响的中药新药。培育一批本土科技创新中小企业，提高中药材产业技术成果转移转化水平。重点加强湖湘道地药材基础研究和生产关键技术研究，集中力量在良种培育、规范化生产技术、质量控制标准化体系建设、现代生产技术装备等方面取得突破，推动中药材产业升级改造。

夯实信息化支撑。实施"互联网＋中医药健康"行动，依托省全民健康信息平台建立省中医药信息平台，建立以中医药资源、服务、管理和科研数据等为重点的基础数据库，建设省级中医药数据中心。建立保障中药质量的第三方检测平台，建立中药材信息共享平台和"产—销"交流的信息服务平台。探索建立全省中药材、中药饮片、中成药生产流通使用全过程全产业链追溯体系，用 5 年左右时间，基本实现湖湘道地药材重点品种来源可溯、去向可追、过程可控、责任可究。建立完善中医药数据综合信息平台，将创新信息网络、物联网科技技术充分融入产业发展各个环节，整合产业资源，指导中医药产业协同发展，提升中药材现代化水平。

四、加大"三个宣传"，营造改革氛围

在市场化和信息化高度发达的今天，"酒香也怕巷子深"。目前，其他各省为扩大中医药事业板块，纷纷打起宣传大战。比如，甘肃省为支持陇药产业发展，积极利用各种渠道为企业提供宣传平台，帮助企业创新宣传方式。地方政府在新闻媒体、旅游景区、宾馆饭店、城市主街区、交通主干道等各类宣传平台，开展当归、党参、黄芪、红芪等道地中药材品牌的公益广告宣传，提升陇药品牌知名度。同时，政府支持省内企业联合国内医药领域会展企业组织举办全国性医药展会，每年举办一届中医药产业博览会，加强与国内外医药企业和终端医疗市场对接合作。因此，湖南中医药要走出湖南、走向全国乃至全世界，就需要大力加强湖南中医药的品牌宣传推广。

加强政府部门宣传。政府部门要加强中医药的正面宣传和深度解读，准确向社会传递湖南促进中医药传承创新发展的政策导向和重大举措，大力宣传中医药在保障人民健康中的重要作用，挖掘宣传中医药名医名家和一线医务工作者先进典型，汇聚中医药发展的强大正能量。要强化市场监管，规范中医药广告审批，依法严厉打击以敛财为目的的虚假宣传、打着中医旗号谋财骗财等违法行为，切实规范中医药服务秩序，维护中医药良好形象。

加强专业市场宣传。举办"湘九味"等专业论坛，定期举办医药展会、中国（湖南）中医药与健康产业博览会、药材交易博

览会、地域特色中药文化及旅游节等活动，形成多途径、全方位、常态化的立体传播体系。

加强公益宣传。将重点企业、重点品种纳入品牌宣传推广库，在旅游景区、宾馆饭店、城市主街区、交通主干道等开展公益广告宣传，利用新闻媒体、报纸、城市宣传栏、电视广告、互联网等加强品牌宣传，结合融媒体等新兴技术手段推动企业品牌、产品品牌与湘药大品牌互推共进、融合发展，全面提升湖南中药产业在全国和国际上的地位和影响力。

第 4 章

培根固本，加强中医药医疗服务体系建设

要促进中医药传承创新发展，坚持中西医并重和优势互补，建立符合中医药特点的服务体系、服务模式、人才培养模式，发挥中医药的独特优势。

——2020 年 9 月 22 日，习近平在教育文化卫生体育领域专家代表座谈会上的讲话

建设优质高效中医药服务体系是中医药发展的根基，也是湖南中医药强省建设的核心任务。2022 年 3 月，湖南省卫生健康委员会、湖南省中医药管理局出台《湖南省中医药"服务提质"工程实施方案（2022—2025 年）》（以下简称《方案》）提出，将以建设国家中医药综合改革示范区为抓手，加快提高中医药供给质量和服务水平，提升中医药服务的可及性和人民群众的满意度，打造中部地区中医药服务高地。

第一节

突出两个重点，
提升中医药医疗服务地位

　　当前，湖南中医药服务能力不断提高，中医药医疗服务资源、基层中医药服务能力以及中医药医疗人力资源和物力资源等方面都取得了长足的进展，为加快构建优质高效的中医药医疗服务体系奠定了坚实的基础。但是，作为中医药资源大省，湖南中医药医疗服务的潜力和活力还有进一步发掘和释放的空间。《方案》提出，争创 2~3 个中医类国家医学中心、区域医疗中心、中医药传承创新中心和中西医结合"旗舰"医院，到 2025 年实现中医药服务水平进入全国前列，切实推进中医药强省建设。目前，全国的中医类国家医学中心尚未正式启动评选，湖南现阶段应重点推进区域医疗中心和中医药传承创新中心这两个中心的建设。

一、力创国家级中医药诊疗服务平台

（一）大力推进国家区域中医（专科）诊疗中心建设

建设区域中医（专科）诊疗中心是深入贯彻习近平总书记"着力推动中医药振兴发展"重要指示的重要举措，也是从国家战略高度对中医药发展进行的全面谋划和系统部署。湖南中医药大学第一附属医院现有 3 个国家区域中医（专科）诊疗中心建设单位，湖南省中西医结合医院（湖南省中医药研究院附属医院）现拥有 2 个国家区域中医（专科）诊疗中心建设单位。湖南在重点扶持这两家高水平三级甲等中医医院高质量完成国家区域中医（专科）诊疗中心建设的基础上，将探索模式、总结经验，争取创建更多国家级的区域中医（专科）诊疗中心。当前，各大区域中医（专科）诊疗中心建设单位坚持以培育创建为契机，进一步明确了自身建设发展目标、定位和举措，着力开启湖南中医药医疗服务体系突破升级的新局面。

湖南国家级区域中医（专科）诊疗中心建设单位

湖南中医药大学第一附属医院作为湖南省中医及中西医结合医、教、研中心和龙头，2008 年入选国家中医临床研究基地，2017 年入选"中医药传承创新工程"项目建设单位，2022 年入选"国家中医药传承创新中心"项目储备库、国家特色服务出口基地（中医药）。医院的中医特色和综合能力建设已跻身全国中医医院先进水平，眼科、妇科和针灸推拿康复科成功入选国家区域中医（专科）诊疗中心。

湖南省中西医结合医院是一所集医疗、科研、教学、预防、保健、社区医疗服务为一体的综合性三级甲等中医医院，是全国首批重点中西医结合医院、第二批国家中医临床研究基地、国家中西医结合防治重大疑难疾病原发性肝癌病种牵头单位，医院肿瘤病科、老年病科成功入选国家区域中医（专科）诊疗中心。

（二）高标准推进国家中医药传承创新中心建设

2022 年，国家发展改革委办公厅、国家中医药管理局办公室联合印发《关于国家中医药传承创新中心项目储备库和培育库的通知》，湖南中医药大学第一附属医院被评为"国家中医药传承创新中心"项目储备库，系湖南唯一入选单位。《方案》强调，要加快省级中医药服务高地建设，高标准建设湖南中医药大学第一附属医院国家中医药传承创新中心，构建"一院两区"的新发展格局，力争综合医疗水平迈入全国中医医院前 15 位。

国家中医药传承创新中心项目旨在提升中医药基础研究、优势病种诊疗、高层次人才培养、中医药装备和中药新药研发、科技成果转化等能力，打造"医产学研用"紧密结合的中医药传承创新高地。湖南中医药大学第一附属医院切实围绕国家中医药传承创新中心项目的中心任务，大力推动全省中医药传承创新事业的发展。重点围绕肝功能衰竭、不孕症、慢性心力衰竭、中风、干眼症等 5 大重点病种，建立并推进研究型门诊 / 病区、生物样本库、协同创新平台、成果转化平台等 9 大平台，探索建立符合中医药特点的临床疗效评价体系，全面提高中医药综合服务能力。医院将不断强化内涵建设，整合优势资源，全力推进项目建设，切实提高医疗服务力、科研创新力、成果转化力、文化传承力和社会影响力，加快将医院建设成为临床与科研有机结合、中医药特色浓郁的现代化、综合性、研究型中医医院。

二、力推中西医协同"旗舰"医院建设

（一）积极创建中西医协同"旗舰"医院

以中西医结合推动中医药现代化发展，引领打造一批中西医协同"旗舰"医院，是助推中医药强省建设、实现湖南中医药事业弯道超车的创新举措。《方案》提出，到2025年，覆盖全省城乡的中西医结合服务体系进一步完善，中西医结合的医疗服务水平进一步提升，形成中西医协同发展的"湖南模式"。作为中西医协同"旗舰"医院，可创新中西医协同医疗服务模式，吸收高层次中医、西医和中西医结合人才，开展各类常见疾病的中医、中西医结合诊治。同时，承载中医药、中西医结合临床研究基地、防治传染病实验室等功能，常态化开展跨地区、多中心、大规模、高水平的中西医结合临床试验，真正在临床、科研及人才培养等各方面成为中国特色医疗卫生服务体系的新兴力量。

目前，湖南多数市县没有专门的中西医结合医院，或此类医院规模偏小、影响力不足，中西医结合的研究和实践尚处于"群龙无首"的状态。尽快打造一批中西医协同"旗舰"医院，建立一批中西医结合专科医联体，将使各地的中西医结合工作获得重要支点。2023年2月，国家发展改革委、国家卫生健康委、国家中医药管理局公布，中南大学湘雅医院入选中西医协同"旗舰"医院试点单位，是中部地区唯一入选医院；湖南省中医药研究院附属医院、湖南省人民医院和湖南省肿瘤医院入选中西医协同

"旗舰"医院试点项目建设单位。"十四五"期间，湖南将以此为依托，坚持高标准推进中西医结合服务体系建设，创新中西医结合诊疗服务模式，开展重大疑难疾病中西医临床协作攻关，实现人民群众中西医服务的获得感不断增强。

（二）着力彰显中西医协同医疗服务优势

中南大学湘雅医院中医药及中西医协作最早可追溯至1958年，率先开展中药治疗姜片虫病、肾炎、肝硬化等89项中医中药项目。发展至今，湘雅医院是首批全国综合医院中医药工作示范单位，首创综合性医院中医药工作委员会主导新模式，布局"全院病床100%融于中西医协同诊疗模式，贯穿医院医疗活动全链条"；已形成中西医结合脑病、针灸、消化系统疾病、风湿免疫病、男科病、恶性肿瘤和妇科病的中医特色医疗组；已建立5个中西医联合专病MDT（多学科综合治疗），10个中西医结合优势病联合门诊；拥有中医药领域的国家高层次人才特殊支持计划——青年拔尖人才和教育部新世纪优秀人才，目前在湖南省中医药领域均是唯一入选者。

湖南省中西医结合医院全院36个临床科室中，开展中西医结合诊疗病例比例为90%以上；共制定优势病种中西医结合诊疗方案60个；有中西医结合优势病种联合门诊10个，接受中西医结合诊疗服务的病例比例达98.49%。具有权威学术地位的中西医结合优势专科学科带头人19名，中西医诊疗设备3400多台。医院中西医协同临床能力突出，成立了华中地区中医肿瘤防治联盟和华中地区中医老年病防治联盟，与25个省市的200余家单位，在中西医适宜技术、优势诊疗技术、学术交流和资源共享等方面形成了长效机制和紧密合作。

湖南省人民医院积极筹建"马王堆中医药传承创新中心"，将汇集中医科、康复医学科、疼痛科、超声科、放射科等相关学科，辐射老年医学科、肿瘤科、心血管内科、神经内科等临床学科，形成协同协力协作、共联共享共建的大型学科群。医院将建设"一个文化阵地、一套诊疗服务、一批健康产业"，挖掘整理名方、名术内涵，发扬名医、名院品牌，搭建中医药发展快车道，探索综合医院中医学科建设新路子。

湖南省肿瘤医院借力医联体推动中医药肿瘤防治资源下沉，全面打造集医疗、科研、教学、预防、康复于一体的综合型肿瘤防治医院，积极推进中医药科技创新及成果转化。

这些试点单位吹响了中西医结合"旗舰"医院建设的冲锋号，在引领、带动湖南中西医结合服务能力建设方面发挥强劲作用，将有望推动全省各地的中西医结合工作迎来快速推进、遍地开花的全新局面。

第二节

发挥三个作用，
建立覆盖全生命周期的服务体系

习近平总书记强调："要发挥中医药在治未病、重大疾病治疗、疾病康复中的重要作用。"面对多重疾病威胁并存、多种健康影响因素交织的复杂局面，树立大卫生、大健康理念，从以治病为中心转变到以人民健康为中心势在必行，而中医药在其中大有可为。推进健康中国建设，推动解决"看病难""看病贵"问题，充分发挥中医药"三个作用"，以"大健康"理念为引领，完善和优化覆盖全生命周期的中医药医疗服务体系，显得尤为重要。

一、充分发挥中医药在治未病中的主导作用

预防是最经济最有效的健康策略。当前，我国新时代的卫生与健康工作方针坚持大卫生、大健康的理念，整体由"治疗端"前移至"预防端"，中医药的治未病特色具有主导性优势。中国治未病健康工程从 2008 年启动至今已经十余年，当前应认真总结实施过程中的经验和做法，查摆制约治未病发展的关键问题和核心症结。同时，创新服务模式，健全标准规范，从学术化、产业

化、生活化、智能化、网络化五方面着手，打造中医治未病健康工程的"湖南升级版"，切实做到关口前移，让老百姓不生病、少生病。

优化完善中医医院治未病科建设，拓展服务功能。按照《中医医院"治未病"科建设与管理指南（修订版）》要求，进一步优化完善中医医疗机构治未病科室建设。将治未病服务拓展至医院其他临床科室，逐步融入疾病诊疗全过程。重点融入慢病临床服务全过程，并向健康养老延伸，构建体现治未病内涵的"养生保健—慢病预防—慢病康复"的中医药慢病防控链，逐步实现全省所有二级以上中医医院均设立治未病科。

以三级中医医院为龙头，引领区域治未病服务体系建设。以省级、地市级三级中医医院作为本区域内治未病服务的技术中心、研究中心和指导中心，通过建立区域治未病专科联盟等形式，建立区域中医治未病服务协作平台，为联盟医疗机构提供治未病健康服务的临床、科研、教学、人才培养、产业化、应用推广等方面的管理、技术支持与指导，构建区域中医治未病工作网络。

推动综合医院、妇幼保健机构提供规范治未病服务。在有条件的综合医院和妇幼健康服务机构依托中医药科室推广中医药健康养生知识，加强与临床各专科联合，根据自身特色与优势设立治未病服务项目，逐步实现全省综合医院、妇幼保健机构中医药工作示范单位能够提供规范的中医治未病服务。

加强基层医疗机构治未病服务基础条件建设。支持基层医疗机构建设中医防治一体综合服务区（中医馆），配备能够提供中医治未病服务的中医医师、技师（士）或全科医师，完善基层医疗机构治未病服务环境与设施设备。为村卫生室配备"中医养生百宝箱"，指导乡村医生提供简便适宜的中医健康干预服务。逐步实现所有的社区卫生服务机构、乡镇卫生院、村卫生室能够开展简便适宜的中医治未病服务。

促进中医养生保健机构规范化、规模化发展。鼓励社会力量与医疗机构合作，建立规范的中医养生保健机构，由医疗机构提供中医治未病技术与服务质量的支持与保障。遴选中医健康管理理念突出、服务品质优良、经济社会效益明显的中医养生保健服务实体，建设一批具有引领带动作用的全省中医养生保健基地。

二、充分发挥中医药在重大疾病治疗上的协同作用

实践证明，中医药在重大疾病治疗中可以发挥优势作用、协同作用。比如，在肿瘤疾病的治疗中，中医药可以利用独特优势发挥协同作用。首先，中医药可与手术协同。术前给予患者积极的中医药治疗扶正抗邪，可改善机体的状况，有利于手术顺利进行；术后给予中药扶正补虚，增强免疫力，促进康复，减少复发与转移。其次，中药可与放化疗协同。放化疗周期长，损伤大，副作用多，部分体弱患者无法持续放化疗治疗。中药可以提前激发患者的机能，为机体内环境剧变做好准备。同步开展中医药治

疗可维护患者自身的抗癌能力和内环境的稳定，有效减轻和改善副作用，促进康复。再次，对于中晚期患者，这一时期通过中药提高患者的免疫力，配合其他中医药治疗技术，可以提高患者的生存质量，延长生存期。

新冠肺炎疫情期间，中医药的全程深入介入在新冠肺炎的预防和治疗中发挥了重要作用，能有效降低新冠肺炎疫情的发病率、转重率、病亡率，促进核酸转阴，提高治愈率，加快恢复期康复，缓解并发症。自 2020 年国内疫情初起，"中西结合、早诊早治"一直是湖南救治新冠肺炎患者的原则，中医药参与治疗率达 100%，助力抗疫取得了良好的效果。中医药抗疫的治疗特色表现在两个方面：一是坚持早期介入、早防早治，第一时间为无症状感染者或有需求的医学观察人员提供中医药服务，尤其是年老体弱、有慢性基础病的患者。二是坚持辨证论治、因人而异，根据不同病情、不同地域和气候、不同体质等，采用不同方药加减治疗。针对重症、危重症患者甚至做到一人一方，证变方变等，根据病情变化及时调整方药，极大地提高了疗效。

中医药的临床协同治疗能力还体现在，着力在疑难杂病的治疗方面下苦功夫、啃硬骨头，力争"看别人看不了的病"，解决别人无法解决的医学难题。因此，要继续推进重大疾病中西医协作攻关，提高重大疾病临床疗效，彰显两种医学协同互补的优势。要坚持重点带动、品牌引领，建设一批国家级中医中心、区域中医诊疗中心和优势重点专科群，加强重大疑难疾病、慢性病、传染病等中医药防治技术研究和新药研发，力争产出类似青蒿素的具有原创性、标志性的重大新药产品。要全面总结湖南中西医结合治疗重大疾病、传染病的成果和经验，让中医药的优势发扬光大。要优化中医药服务供给，加快推进中西医协同发展，建设一批具有影响力和带动力的中医专科诊疗中心、中医特色诊疗中心、中医康复中心以及示范科室等。

专栏 4-2

湖南中医药大学第二附属医院特色专科建设成效显著

湖南中医药大学第二附属医院（湖南省中医院）拥有4个国家临床重点专科，即肛肠科、皮肤科、骨伤科和妇科，号称"四大旗舰"，以充分发挥中医药在重大疾病治疗上的协同作用为特色，声名远播。其中，肛肠科是全国最早成立的肛肠专科之一，现有5个病区和多个优势病种，该科研发的复方芩柏颗粒、九华膏等10余种中药制剂在业界得到广泛推广应用。皮肤科在部分被西医当作"疑难杂症"的临床领域，运用中医疗法大显身手，如分期论治泛发性脓疱性银屑病在国内处于领先水平。骨伤科于1958年由全国骨伤泰斗张紫赓创立，师徒两代创造了湖南省中医院骨伤科的辉煌历史，并带出传人无数。如今，该科集医疗、教学和科研为一体，是全省龙头科室。妇科充分发挥中医特长，结合西医手段，确定了以不孕症、盆腔炎、胎动不安（早期先兆流产）、习惯性流产等优势病种为主攻方向，以"让上十万家庭喜得贵子"而备受称道。

三、充分发挥中医药在疾病康复中的核心作用

中医药特色康复在缩短病程、提高生活质量方面的优势显著。手术后内服汤药调理，辨证施针减轻脑卒中患者后遗症，针灸、推拿、导引等中医康复手段正越来越受患者欢迎。要尽快实施中医药特色康复服务能力提升工程，布局建设一批中医康复区域诊疗中心，推进二级以上中医医院普遍设置康复科，满足人民群众日益增长的中医药特色康复服务需求。

"十三五"期间，湖南积极探索发展中医药特色养老机构，促进中医药与养老服务结合。长沙、岳阳、邵阳、湘西州等地设置中医特色康复医院或疗养院，湖南省中医药高等专科学校第一附属医院、临湘市中医医院等探索开展医养结合、康养结合，中医药在疾病康复中的核心作用逐步发挥。目前，要进一步支持养老机构开展融合中医特色健康管理的老年人养生保健、医疗、康复、护理服务。有条件的中医医院开展社区和居家中医药健康养老服务，为老年人建立健康档案，建立医疗契约服务关系，开展

上门诊视、健康查体、保健咨询等服务。湖南省中医药管理局协同省直有关部门遴选建设 5 家国家级森林康养基地、22 家省级森林康养基地。目前康养产业处于起步阶段，国家明确由发改委牵头，卫生健康、民政等部门共同推进。湖南以实施"产业振兴"工程为抓手，推进中医药与健康养老等产业深度融合，大力发展中医药健康养老产业，规范产业经营行为，促进中医药康养产业高质量发展，提高百姓生活质量。

第三节

提升四种能力，
与人民健康生活同频共振

　　湖南中医药服务能力，无论是中医医疗机构的数量及病床数，还是中医从业人员的数量等，都处于全国第一方阵。目前，湖南省中医药公共卫生防控救治能力建设已被纳入湖南省公共卫生应急体系建设统筹规划，中医药防治重大传染性疾病的综合服务能力进一步提升。未来湖南应加快提升四种中医药服务能力，助推中医药医疗服务水平提档升级，努力提高中医药服务的可及性和人民群众的满意度。

一、提升省市级中医医疗机构的中医药大病服务能力

在省级层面，高标准建设湖南中医药大学第一附属医院国家中医药传承创新中心；加快湖南中医药大学第二附属医院中医疫病防治基地建设，将其建成中医药特色领先、专科聚集、管理卓越的中医名院和全省中医疫病防治中心；确立湖南省中医药研究院附属医院"以中为主，中西医结合"的办院方向，高起点建设国家中西医结合"旗舰"医院；推动湖南中医药高等专科学校附属第一医院国家中医紧急医学救援基地建设。做优做强省级中医医院，整体服务能力排名进入全国前 5 位。

在市级层面，加快完成岳阳、衡阳等市级中医医院中医药传承创新中心建设，加快建设益阳、张家界、湘西州、郴州、永州、邵阳、娄底等市级中医医院国家中医特色重点医院，建设 3~4 家省级区域中医医疗中心，以名医、名科、名药带动特色发展；在市级中医医院建设"4 专科 5 中心"（即 4 个中医重点专科和治未病中心、康复中心、制剂中心及适宜技术推广中心、中医药特色诊疗中心）和"1 馆 1 室"（即名医馆、名老中医传承工作室）。

二、提升县级中医医疗机构的中医药常见病服务能力

实施县级中医医院提标扩能项目，持续推进县级中医医院基

础设施条件改造和建设，建设县级基层中医药服务龙头。每个县建有公立中医医院，并将其纳入县域 120 急诊急救体系。基本实现县办二级甲等中医医院全覆盖，35% 的县级中医医院达到三级水平。在县级中医医院全面建设"2 专科 2 中心"，即 2 个重点专科和适宜技术推广中心、中医药特色诊疗中心。在有条件的县级中医医院建立基层智慧中医诊疗中心和中药共享调剂配送中心，让群众看中医、拿中药更加方便。

发挥中医药在治未病方面的主导作用，支持县级中医医院建设中医治未病服务指导中心，组织制定适合当地实际的基层医疗机构治未病技术方案、实施方案和培训方案，对区域内基层医疗卫生机构中医治未病服务人员开展培训。

三、提升乡村及社区中医医疗机构的健康管理服务能力

加强中医药适宜技术推广应用。通过理论和临床实践培训，让全省社区卫生服务中心和建制乡镇卫生院规范、熟练地应用毫针、艾灸、中药熏洗疗法等 10 项中医药适宜技术，让城乡居民看中医更便宜、更方便、更有效。组建中医药健康管理专家团队，配备中医健康巡回服务平台，指导辖区内乡镇卫生院和村卫生室提供中医药健康管理服务，定期深入基层为群众提供中医治未病服务。在家庭医生签约服务中纳入"治未病服务包"，依托基层医疗机构家庭医生工作室推广全过程中医健康管理服务，引导居民

学习和应用适合家庭使用的中医养生保健技术方法，开展常见疾病的自助干预。优先在慢病防控、养老服务、儿童保健、孕产妇保健等领域开展治未病适宜技术推广，制定相应的服务包。遴选有条件的社区卫生服务中心、乡镇卫生院进行试点，争取纳入国家基本公共卫生服务的中医药健康管理服务项目中，力争实现65岁以上老年人和0~36个月儿童的中医药健康管理率达到70%。

乡村及社区中医医疗机构的基层医生是打通中医药服务基层"最后一公里"的关键所在，应加快构建基层医生培训体系。基层医生通常需要承担"六位一体"基本任务，包括医疗、预防、保健、康复、健康教育、公共卫生安全等方面。因此，基层医生必须具备五个临床能力，包括"无病擅防、小病擅治、大病擅识、重病擅转、慢病擅管"。同时，基层医生要能够中医与西医相结合，尤其突出中医药特色与优势。中医药学"简、便、廉、验"的特色不仅更契合基层百姓健康需求，且其优势的确能够解决诸多临床实际问题，在维系健康状态的养生保健方面，中医药学更有着丰富的技术和方药。但由此也不能忽视西医诊疗水平，其检测手段、外科手术、急救水平及生命保障系统等亦是不可或缺的医疗服务。可依托成熟的数字教材，开启基层医生线上线下相结合的培训模式，提升基层医生培训的效率。同时，应注重加强对基层卫生技术人员的治未病服务培训，在中医全科医师规范化培训、中医全科医师岗位培训、全科医生和乡村医生培训内容中增加中医养生保健等中医治未病服务内容，提升基层治未病服务能力。

四、提升互联网医疗机构的中医药远程服务能力

我国陆续出台的《"健康中国2030"规划纲要》《国务院关于积极推进"互联网＋"行动的指导意见》《国务院办公厅关于促进"互联网＋医疗健康"发展的意见》等一系列文件，支持"互联网＋医疗健康"建设，推动"互联网＋中医药"的发展。随着移动5G技术的快速发展，人民群众越来越多地运用互联网实现远程诊疗咨询，常见病、慢性病复诊患者可以在线问诊、开方、续方，并通过快递送药到家，大大降低了疫情期间到院感染的风险。特别是互联网诊疗被纳入医保支付后，群众网上看病购药也能使用医保报销，解决了支付问题，用起来没有后顾之忧。同时，人民群众接受互联网等线上医疗服务，更加认可中医药的综合防治能力。

实施"互联网＋中医医疗"，要坚持以中医药理念、方法和技术为本，以互联网、人工智能为手段，采用中西协同、线上线下联动的方式，全面开展中医药体质辨识、健康监测、健康咨询、慢病管理、药品配送、在线诊疗、健康科普等防、治、康、养、教综合服务。中医医院借助互联网高效便捷途径，以及无边界的服务半径，通过互联网医疗中心、远程医疗中心、特色专科网

上医疗中心的逐步推进，为人民群众提供健康知识、医疗服务和健康管理等全方位健康服务。这些举措使得医院提供优质快捷处方、使用医技资源和专科优势更加明显，从而可形成十公里健康圈、百公里健康圈、千公里健康圈，提供更好的中医药服务。

专栏4-3

湖南中医互联网医院打造健康管理全生态链

谷医堂（湖南）健康科技有限公司传承创新中医药文化，率先探索发展"互联网＋中医药健康服务与管理"，着力为客户打造健康管理前、中、后期的全面保障与服务，为客户打造一体化的"健康生态圈"，并积极将业务推及产业上下游，探索打造健康管理全生态链。健康管理全生态链的打造，有助于实现全生命周期的健康管理，充分展示了互联网医疗带来的中医药服务升级优势。

第 **5** 章

增强动力，大力推动
中医药科技创新

要做好守正创新、传承发展工作，积极推进中医药科研和创新，注重用现代科学解读中医药学原理，推动传统中医药和现代科学相结合、相促进，推动中西医药相互补充、协调发展，为人民群众提供更加优质的健康服务。

——2021 年 5 月 12 日，习近平在河南南阳调研时的讲话中医药学是中华民族的伟大创造，是我国具有原创优势的科技资源。大力推动中医药科技创新，释放中医药发展的巨大潜力，打造中部地区中医药科技创新高地，是湖南中医药强省建设的强劲动力。"十三五"期间，湖南中医药科技创新能力持续提升，传承创新富有成效。

但湖南中医药科技创新工作仍然存在传承不足、创新不够的问题。"十四五"期间，应当牢牢把握中医药政策密集出台的历史机遇期，抢抓湖南创建国家中医药综合改革示范区和建设中医药强省的重大战略期，前瞻思考、精心谋划、主动作为，充分发挥科技创新的牵引作用和筑基作用。积极推动"产学研用"一体化，着力打造中医药科技创新"湖南样本"，推动实现中医药强省目标。

第一节

聚力中医药领域
科研攻关

"十四五"时期，湖南应进一步围绕国家战略需求，聚力中医药领域核心技术科研攻关，聚焦中医药重大科学问题难题，加强中医药基础研究，加强中医药临床研究，强化科技创新对中医药科研的引领支撑作用。

一、聚焦中医药重大科学问题难题

当前，湖南建立了以青风藤产业为核心的特色中药材创新研究与应用开发的首个院士工作站和着眼于国内顶尖、国际一流目标的芙蓉实验室中医药精准医学研究部，涌现出了以抗肿瘤活性成分及其中成药研发、中医与试管婴儿生殖辅助技术协同治疗不育不孕方案研究等为代表的中医药领域科研攻关项目，以及湘域土家族、苗族、侗族、瑶族等少数民族特色中药材创新研究与应用开发等特色中医药科研项目。但是，湖南在中医药科技创新方面特别是在中医药重大科学问题难题方面，还处于"跟跑并跑"的地位。要实现由"跟跑并跑"到"并跑领跑"的根本性转变，就应当梳理对焦中医药领域重大科学问题难题（见表5-1），研判中医药科技未来发展趋势，前瞻谋划和布局前沿中医药科技领域与方向。

表5-1　2022年中医药重大科学问题难题一览表

分类	项目
前沿科学问题	1.中医药防治新发突发传染病（新冠肺炎）的机制是什么？
	2.高品质道地药材的科学内涵是什么？
	3.中医药抗耐药菌的机制是什么？
	4.中医药对"亚健康"状态认知和干预的科学原理是什么？
产业技术问题	1.如何构建彰显临床价值的中药质量标准体系？
	2.如何以质量均一为目标提高中药制剂智能化制造水平？
工程技术问题	1.如何构建中医药维护脑健康的关键证据体系？
	2.如何构建面向基层医疗的中医智能化诊疗系统？

（资料来源：中华中医药学会发布的2022中医药重大科学问题难题）

结合湖南中医药科技创新现状，湖南"十四五"期间重点攻关领域和关键问题如下：

第一，具有代表性的抗疫方药的作用机制研究。疫情期间，中医药抗击新冠肺炎在国内外引起了空前关注和强烈反响，其中湖南省中医药管理局组织国医大师专家团队研究制定的抗时疫预防方疗效确切，在这场"战疫"中交出了一份漂亮的"成绩单"。在取得临床疗效的基础上，湖南应当结合现代科学知识和技术手段，深入挖掘中医药防治新发突发传染病的作用机制及中医防疫理论的科学内涵，获得高质量、国际公认的临床和基础研究数据证据，促进国内外学者和社会公众对中医药抗疫作用的认知和理解，推动形成可复制、可推广的中医药应对新发突发传染病模式和技术方案，从而为抗击新发突发传染病乃至解决世界卫生医疗难题贡献更多的智慧和方案。

第二，以"湘九味"为代表的高品质道地药材的科学内涵研究。道地药材的品质是中医临床有效性、安全性的重要保障，也是中药产业发展的重要保障。如何从与道地药材品质相关的内源性与外源性两个方面的诸多影响因素出发系统阐释其科学内涵，已成为中医药行业高品质发展必须解决的重大科学问题。结合湖南实际，未来应当围绕以"湘九味"为代表的优质道地药材的临床核心功效的物质基础、药效成分含量、药效成分之间的比例以及发挥药效的作用方式等方面，结合现有的研究基础，从中药材人工种植环节中内在有效性相关物质、道地性与非道地性影响因素、高品质道地药材质量标准体系等方面推动开展深入、系统的研究，从而推动湖南以"湘九味"为代表的高品质道地药材科学内涵的阐释及其质量标准体系的构建。

第三，中医药对亚健康状态认知和干预的科学原理研究。中医治未病以"整体观念""辨证论治"及"三因制宜"等为特色，在调治亚健康状态方面相对于现代医学具有独特优势，但因无法用现代医学的语言讲清楚其中的道理而难以被国际上认可。借助于现代科学技术阐释中医认知和干预亚健康状态的科学原理，对于推进中医药现代化，提高中医药国际影响力亦具有重要作用。而湖南中医药大学是目前国内唯一一所具有中医亚健康学硕士与博士授予权的高校，具有中医亚健康学的学科梯队，在中医药对亚健康状态认知和干预的科学原理研究方面优势明显、前景可喜。

第四，聚焦构建中医药维护脑健康的关键证据体系。中医药干预脑损伤、神经退行性病变，在早期预防、延缓衰老及促进神经功能修复中可发挥独特优势，不仅可以预防，还可早期逆转。湖南已构建具有中医脑病内涵与特色的多学科学术交流和科研协作平台，能够从促进神经元再生、抗氧化损伤、调节脂质代谢、调节铁代谢等基础作用机制方面综合分析以脑泰方为代表的治疗脑卒中、维护脑健康的作用机制。在此基础上，聚焦规范循证医学与中医药结合的人用经验证据分级体系，科学、规范地评估与遴选人用经验，提高中医药临床研究成果的可信度和报道质量，对于解决目前研究结果重复性低等问题，提高中医药维持脑健康的临床疗效和国际影响力具有重要意义。

二、推动中医药基础研究

传承中医药精华，要紧跟时代步伐，坚持发挥中医药原创优势，守正创新。中医药的发展史就是一部创新史，从秦汉时期《黄帝内经》奠定中医学的理论体系，到明清时期温病学的产生；从中医典籍中焕发新生的青蒿素，到将传统中药的砷剂与西药结合起来治疗急性早幼粒细胞白血病……创新始终是推动中医药发展的根本动力。中医药的生命力在于创新，创新是中医药现代化的关键所在。而基础研究是中医药现代化的推动力量，是中医药现代化发展的支撑所在。因此，要充分发挥科技创新的支撑引领作用，推进湖湘中医药基础性研究高质量发展，推动湖南成为中医药原始创新的重要策源地。

其一，推动中医药基础理论创新。发挥中医药科研院所和高等院校在中医理论等基础研究方面的引领作用，创新中医药研究的思维方法，释放中医药科技创新活力。一方面，大力支持运用中医的哲学思维、整体观和个体化理念，指导现代医学临床和基础研究的顶层设计与结果解析；另一方面，加强中医原创思维与西医先进的研究方法和技术相融合，用现代科学技术挖掘中医药精髓、诠释中医学经典理论的科学内涵，推动中医药产出原创性、突破性成果。此外，应当注重用现代科学解读中医药学原理，运用现代科学技术和传统中医药研究方法，深化中医基础理论、辨证论治方法研究，开展经穴特异性及针灸治疗机理、中药药性理论、方剂配伍理论、中药复方药效物质基础和作用机理等研究。

其二，鼓励中医药关键技术多学科交叉创新。鼓励科研院所跟踪国际学科前沿，就具体的研究项目与国际知名实验室、研究机构开展多方面国际科技合作，加强前沿技术的引入消化。一方面，充分运用多学科前沿技术开展重大疾病的关键技术研究，加强中医辨证论治与多组学、大数据、人工智能等前沿技术结合发展，挖掘中医证治规律，结合中医辨证论治形成中医精准医学发展模式，深入探讨精准医学和个体化用药的发展。另一方面，组织开展湖南大宗道地药材配方颗粒质量标准、湖湘道地与特色药材生产保障和品质关键技术等重大科研攻关。

其三，加强中医药技术、装备创新性开发。综合运用现代科技手段，开发一批基于中医理论的诊疗仪器与设备。一方面，加快开发以四诊仪为主的中医药现代化装备，加大脉诊仪、舌诊仪、经穴诊断仪、人体功能状态诊断仪、红外热像检测设备、灸疗设备等中医医疗器械开发的深度和广度。另一方面，加强现代医学影像学与传统中医学的深度融合，推动中医影像诊疗创新技术的研发、标准制定、临床应用研究，同时应用现代影像学技术对中医药基础理论、原理方法、治疗效果等进行科学诠释，为中医药诊疗提供可视化证据，推动中医学创新发展。

红外热成像技术在中医学领域的研究与应用

红外热成像技术作为一种功能学影像技术，可获得人体连续的、动态的红外信息，反映了人体体表整体的温度分布状况。红外热成像技术与中医学理论相互结合，可充分发挥其在中医学领域的优势，其研究与应用已涉及辅助中医诊断方法和中医辨证、中医疗效评估、中医体质辨识、亚健康相关研究等多个方面。

红外热成像技术应用研究的最大意义在于重大疾病的预警与筛查。它能够通过捕捉体表异常温度分布的热图信息，对功能异常区域进行定位和定性分析，为疾病的早期发现与防治赢得宝贵时间，这与中医学治未病理论重视疾病的预防与保健的核心理念相吻合。红外热成像技术通过体表红外热辐射的特点来分析体内脏腑、经络、气血津液的异常变化，与中医学"司外揣内"的诊断原理一致。红外热成像技术通过测知人体体表温度的状态，能够反映脏腑功能的盛衰，辨别疾病的寒热性质，同时这也是疾病阴阳属性的具体体现。以中医学理论为基础，充分发挥红外热成像技术的优势，有望实现中医的可视化、客观化。

三、加强中医药临床研究

中医药的生命力在临床，临床与科研紧密结合是中医药传承创新发展的必由之路。中医药临床研究应当以临床需求为出发点，以临床疗效为落脚点，重视名老中医传承，努力挖掘有效诊疗技术和方案，以现代化科技手段助力中医药临床研究。

其一，切实加强中医理论创新成果对临床研究的指导。一方面，深入开展民间中医药古籍、古方、单验方及特色诊疗技术的全面调查、挖掘整理、研究评价及推广应用，建立民间验方、秘方数据库，建立合作开发和利益分享机制，从而加快实现中医古今医案和文献资料的数据化，通过大数据技术对古今名医名家的医案和古今文献进行搜集和归纳，运用数据挖掘技术对病证分类、治则治法、处方用药等进行全面总结。另一方面，发展和运用好经典名方，以辨证论治的思维进行临床研究实践，科学合理地采用循证医学方法进一步探究现代临床适应证及其机制，让经典名方不仅为健康湖南助力，还可为全国乃至全球贡献"湖南处方"。

其二，加强中医治疗难治性疾病研究。依托国家中医药科技研发专项等重大科研项目，加强对重大疑难疾病、重大传染病防治的联合攻关和对常见病、多发病、慢性病的中医药防治研究，形成一批防治重大疾病和治未病的重大产品和技术成果。一方面，要加强研究、总结经方治疗难治疾病的证治规律，揭示其科学内涵，进一步研究创新方药，优化诊治方案，提高临床疗效。另一方面，运用现代科学技术加强对中医经方治疗癌症、心脑血管疾病、慢性呼吸系统疾病、糖尿病等重大疾病、慢性病的临床运用研究，加强以经典方剂为基础的院内制剂特色技术、中成药及新药的研发，促进开展经方中成药大品种临床循证研究，探索适合中医经方特点的临床评价方法，充分发挥经方在常见病、多发病和慢性病防治中的独特作用。

其三，建立临床大数据中心。破除省域医疗信息壁垒，建立癌症、心脑血管疾病、慢性呼吸系统疾病、糖尿病等难治性疾病临床大数据中心。一方面，运用信息技术、数据挖掘技术、循证医学方法系统汇聚相关疾病或病证古今文献和临床病例，总结病症治疗规律、诊疗技术、用药特点、核心方药以及临床疗效等。另一方面，加大力度研究中医药临床评价的创新方法与技术，系统开展临床评价、疗效机制及中医个体化辨证论治诊疗能力提升等研究，切实提高中医药防治重大疾病的临床疗效与服务能力。此外，通过临床大数据为临床诊断和治疗提供支持，从而推动诊疗模式创新，对接中医智能辅助诊疗系统开发，推动开展线上线下一体化服务和远程医疗服务。

第二节

打造中医药
协同创新平台

科技创新平台是汇聚创新资源、支撑创新开展、孕育创新成果的重要载体，而协同创新机制则是通过在开放、协作、包容中有机耦合，从而提升科研平台自身创新能力并保持良性循环，最终产生"1+1>2"整体效应的运行方式。中医药协同创新平台是指中医药领域以市场需求为导向、多元利益主体参与、以协同创新为机制，通过跨领域、跨行业整合资源，具有科技研发、技术转移、资源共享、孵化企业等功能，能对中医药科技创新能力和经济社会发展起重要推动作用的科技创新载体和设施。

湖南当前中医药创新平台建设与国内先进地区相比仍有一定差距，协同创新机制不足、龙头引擎作用不强、国家级创新平台布局不完善、全域中医药数字化公开平台缺乏等问题有待解决。"十四五"时期，应充分借鉴国内先进地区经验，以中医药协同创新平台为抓手，打造中医药创新发展的强劲引擎，推动中医药科技创新能力全面提升。

专栏 5-2

湖南中医药创新平台

"十三五"期间，湖南中医药创新平台建设不断推进。截至 2020 年末，湖南设有独立的中医药科研机构 2 所，附属性中医药科研机构 30 个。其中仅湖南中医药大学一所高校就建有各级各类科研平台 96 个，包括数字中医药协同创新中心、湖湘中药资源保护与利用协同创新中心等，以及 Atta 院士"一带一路"传统医药工作站、刘良院士工作站等；立项各级各类科研项目 1600 余项，获批科研经费约 3.2 亿元，实现科技部重大新药创制专项、区域联合国家自然科学基金重点项目等国家级大项目的突破；获专利授权 481 项及各级各类科研奖励 164 项，其中省部级以上奖励 58 项。

一、发挥中医药协同创新机制的引领优势

打造中医药协同创新平台，首先应当充分发挥以国家和省级中医药科研机构为核心，以高等院校、医疗机构和企业为主体，以中医药科学研究基地（平台）为支撑，多学科、跨部门共同参与的中医药协同创新体制机制优势。通过加快中医药实体科研平台融入虚拟且松散耦合的协同创新体，提升中医药实体科研平台自身创新能力。

首先，建立完善中医药协同创新各方面机制。建立中医药协同创新组织文化机制，注重内在软文化的培养，塑造形成目标共同体以及外在组织制度和契约治理协同利益共同体；完善中医药协同创新动力机制，建立"由内而外"激励协同意愿的动力机制，保障中医药科技创新平台相关人员参与协同创新的可持续发展性；健全中医药协同创新信息公开机制，推进中医药协同创新平台基础设施等资源的开放共享，提高平台资源使用效率和平台与外部资源的协同增效；加强中医药协同创新学习机制，开展协同创新理念的宣传和学习，保障协同创新的内涵能够被中医药科技创新平台建设者和参与者真正理解和吸收；深化中医药协同创新科学评价机制，完善符合中医药科技创新规律的资源配置方式，建立符合中医药科技创新规律的评价机制。

其次，加大对中医药协同创新平台的资源投入和科学管理。在资源投入方面，以需求为导向的中医药协同创新不仅

要立足学科资源，更要把学科资源与国家、社会需求相对接。转变"唯学科论""以学科为中心"的理念，由"需求"决定人才、学科、科研之间的互动，由"需求"决定资源的配置与整合。在科学管理方面，应以国家中医药综合改革示范区为基础，科学构建优势中医药学科平台群及协同创新大平台的管理理念。无论是实体性的协同创新组织，还是虚拟的协同创新松散耦合体，都要加强对内部参与组织的资源投入、广泛支持、有效监督，打造能够将开展协同创新作为文化惯性行为的中医药协同创新平台。

最后，推进实施中医药协同创新平台团队及人员的流动管理。开放共享是开展协同创新的基本要求，创新人才有效地"流入"和"流出"是组成协同创新平台的关键因素。要从中医药创新平台内部保持学术上的松散耦合，对牵头构筑的协同创新平台实施团队及人员的流动管理。

二、强化中医药校院协同创新平台的引擎功能

高校和科研院所是中医药研究的重要基地，既是原始创新的策源地，也是高能级创新平台体系的重要组成部分。湖南要发挥高等院校及科研院所聚集和科研基础性工作领先的优势，加强中医药科研院所、高等院校和医疗机构科研创新平台建设，依托湖南中医药大学、湖南省中医药研究院、中南大学中西医结合研究

所等原有基础集成省内顶级研发资源，充分发挥中医药校院地协同的引领作用，辐射带动全省乃至中西部地区中医药创新发展的新格局，打造国家中医药综合改革示范区"湖南样本"。

加强湖南中医药大学协同创新能力建设，将其打造成全国中医药科技强校排头兵。推动湖南中医药大学主动服务国家中医药综合改革示范区建设，积极争取省部局共建湖南中医药大学，积极培育创建国家和省级中医药传承创新中心。一方面，要大力支持湖南中医药大学争当创新驱动的先锋，推动湖南中医药大学以院士工作站、科技创新中心、传承创新大楼建设为重点，聚焦中药种苗优选及中药材质量标准制定、中药创新药物研发、重大疾病中医药防治研究等，着力打造科技创新团队，全力争取国家级科技创新平台，助力中医药科技创新高地建设。另一方面，要推动湖南中医药大学与企业、研究所等共建省级中药工程联合研究中心、中医药产业链协同创新平台建设，强化中医药基础研究与关键技术攻坚，大力推进国家中医疫病防治基地建设，以实现中医药科技强校引领作用。

加强湖南省中医药研究院科研创新能力建设，将其打造成中部地区中医药科技创新龙头。湖南省中医药研究院是多学科相互融合的具有较强科研能力的集科研、医疗、教学、开发、生产、信息服务于一体的综合性中医药科研机构，拥有一批优势专业学科及研究平台。要利用好湖南省中医药研究院已建的中药新药临床研究基地、药物临床实验机构等重点实验室、工程中心、基地、重点研究室、科研实验室等科技创新平台，围绕产业发展，深化共建产学研创新联合体，围绕基础科学和前沿技术，进行突破性研究，强化创新支撑。要把握好湖南省中医药研究院的区位优势，主动融入"三区两山两中心"〔三区：长株潭国家自主创新示范区、湘江新区、中国（湖南）自贸试验区；两山：岳麓山大学科技城、马栏山视频文创产业园；两中心：岳麓山种业创新中心、岳麓山工业创新中心〕和湖南先进技术研究院等重大创新平台建设，推动人才聚集与跨学科前沿领域科研合作。

加强中南大学中西医结合研究所建设，将其打造成中部地区中西医结合研究的领头羊。充分利用好中南大学湘雅医院的名校名院优势，发挥其学科群优势，联合省内高校和相关企业，整合现有医学科研平台资源，结合国家医学中心的建设，通过重大创新平台汇聚人才、技术、信息、资金、数据等创新资源，支撑湖南中医药科技创新实力整体提升，推进中西医资源整合、优势互补、协同创新，推动打造湖南高端中西医协同科研高地、承接国家部委重大中医药项目的实施运行高地。

三、激发中医药数字化平台的创新驱动力

当今世界面临着信息化和智能化发展潮流，而中医药数据多源异构的特点让其在量化、收集、分析海量的人体健康数据时面临巨大的困难，进一步制约了中医药科技创新的步伐。湖

南要支持中医药数字化平台建设，以中医药数字化平台为支点，向上链接高等院校和中医药科研机构，向下与医疗机构建立紧密合作机制，加快信息基础设施提档升级，为中医药科技创新发展提供高效、准确的信息化支撑，从而加快全域中医药创新体系布局。

数字中医药协同创新中心是湖南省高校"2011 协同创新中心"之一，由湖南中医药大学牵头，依托于中医诊断学国家重点学科，以中国中医科学院、湖南大学、汉森制药股份有限公司 3 家单位为核心参与单位。该协同创新中心下设中医药数字化技术研究平台、中医诊断数字化研究平台、中药标准数字化研究平台和中医临床数字化研究平台 4 个分平台，每个分平台下设 3~5 个研究室。该中心在湖南中医药大学中医诊断研究所、管理与信息工程学院、药学院及湖南省中医药研究院中药研究所、第一附属医院建立培养基地。其研究目标为搭建数字中医药研究技术平台，构建中医药数字信息库，自主研发中医诊断、中药、中医临床数字化仪器设备及软件，构建中医诊断、中医临床及中药规范与标准，促进中医中药客观化、规范化、标准化、信息化，推进中医药现代化进程。

当前，尽管湖南绝大多数中医医院都建立了医院信息系统（HIS），组建了湖南省中医药数据中心，实施了中医馆健康信息平台建设，但当前中医药科研机构的医疗数据和健康数据不互通、信息孤岛等问题仍然存在。对于物联网、大数据、人工智能等技术的需求十分迫切，亟须建立覆盖全省乃至全国的中医药数字化平台。要聚力打破信息孤岛的壁垒，推动培育开放、共享的中医药数字化平台，推进中医药信息化建设。从科研管理的中观层面来看，要将中医药数字化列入重点研发计划，建设完善中医药大数据工程技术创新中心和国家级中医药大数据重点实验室，招募各类国际人才，共同推进中医药现代化；依托省中医药健康信息平台，采取抽查抽检、定点监测、违法失信惩戒等手段，实现精准高效监管。从中医药数字化平台实际参与建设者的微观层面看，要建立以中医药资源、服务、管理和科研数据等为重点的基础数据库，推动中医药服务大数据分析与评价平台建设，建立中医药服务监测点，通过应用示范，围绕技术效果和卫生经济学等指标，对中医药数字化平台的数据进行挖掘，建立科学评价治未病服务效果的手段和方法。总之，要从中观和微观两个层面推动中医药数字化平台的培育，从而实现大数据共通，利用信息化手段，多渠道快速准确地获取和共享信息，切实提升宏观决策、监测分析能力，从而加快全域中医药创新体系布局。

第三节

强化中医药产业
技术创新

产业是促进技术扩散、推进技术融合、提升创新能力的重要载体。中医药产业涵盖中药农业、中药工业、中药商业，以及以中医药为依托的健康产品（保健品、食品、化妆品等），还包括以中医药为手段提供的健康服务业和中医药知识文化产业及相关产品。加大中医药产业的研发力度，提升中医药产业加工及开发技术创新能力，是湖南创建国家中医药综合改革示范区的必然要求，更是湖南由中药资源大省向中医药产业强省转变的关键环节。

改革开放以来，湖南作为中医药资源大省，中药材的总蕴藏量、品种数长期位居全国第2位。但作为国家中医药综合改革示范区和中医药产业高质量发展的排头兵，湖南中医药产业在量和质方面有待进一步提升。"十四五"期间，湖南应当充分利用中医药大省的独特资源优势，推动中医药产业在种植、加工、产品研发等方面的技术创新，为中医药"产业振兴"提供内源动力，延伸中医药产业链，开创中医药产业经济效益良性发展的局面。

一、构建中医药产业技术创新集群式发展格局

中医药产业集群不是单纯空间上的聚集，更重要的是在此基础上形成的具有经济关联和技术关联的产业、企业或其他实体。通过创新型产业集群提升国家和地区创新能力，已经成为一种全球现象，如美国硅谷、印度班加罗尔以及我国台湾新竹地区都是创新型产业集群发展的典范。构建中医药产业集群式发展，不仅可以创造出新知识和新技术，还能够通过教育和培训等方式，加快中医药产业集群内部知识、信息和技术的扩散，并以此为中医药产业集群快速实现技术创新提供智力支持。同时，中医药产业集群内部企业之间因频繁的交往和合作以及资源的共享，使渐进性的技术创新持续产生，从而也避免了技术创新的风险。

现代中医药产业集群技术开发的主体是中医药企业，国际化所需要的环境主要由政府来营造，而载体则是产业化基地，中医药产业高科技园区是主要载体形式。因此，必须大力兴办中医药产业高科技园区，使其成为技术创新的"孵化器"。要以岳麓山种业创新中心为核心打造中医药产业集群，加强湖南省中药材"种业硅谷"建设，聚焦关键共性技术和优势物种领域攻关，精心建设岳麓山中药材种业创新中心等创新平台，构建中药材产业发展科技创新和资源共享平台，稳定支持中药材产业技术服务和指导专家团队，持续激发创新活力。要建设中药材优势特色产业

集群，打造武陵山片区、雪峰山片区、南岭片区、罗霄山片区和环洞庭湖区五大中药材产业带，建设一批道地药材种子种苗繁育基地、大宗道地药材生态种植示范基地、林下生态种植示范基地和中药材产地初精深加工示范基地。

此外，以创新为驱动，以"湘企"为主体，全力打造百亿级中医药产业集群。推动千金药业、汉森制药、启迪古汉、天地恒一等"湘企"，发挥品牌、运营、技术及资金等优势，运用5G、工业互联网、大数据、人工智能、区块链等技术，整合优质资源，支持建立一批集中药材种植（养殖）、中药系列深加工和大健康产品于一体的中药科技园区。打造以浏阳生物医药园为核心、辐射全省的现代中药开放、共享、赋能的数字中医药创新产业平台，全力推进中医药产业转型升级和高质量跨越式发展。

二、升级中医药产业技术创新高质量研发体系

湖南中医药产业已日益成为湖南医药行业的新经济增长点和地方经济的主要支柱型产业，中药产业链已成为湖南20个工业新兴优势产业链之一。因此，湖南应当持续推进中药产业技术创新，以建立现代中药产业链、保障中医药疗效为目标，不断提高中药产业和产品创新能力，加快构建中药农业技术体系，加强中药工业关键技术的创新研究，同时开展以中药为基础的相关产品

的研发技术升级，构建体现中药特点的研发技术创新平台，建立专门的中药材生产质量规范、新药临床试验质量规范等相关标准化规范，以及打造优质的质量控制、工艺、生产装备研制等专业技术平台，从而为市场提供疗效确切、品质优良、安全方便、质量可控的中药产品，提高中药产业技术创新能力和研究水平。

在中药种植与加工标准化方面，利用互联网、人工智能等技术，推进中药材种植智能化、有机化、数字化及产地加工现代化发展，促进中医药产业走专精特新高质量发展之路，加强种质资源库及良种繁育基地建设，提高中药材良种与种苗供应能力，构建中药资源循环利用理论基础和技术体系，促进中药资源产业化过程由传统线性生产方式向循环经济生态发展方式转变，通过中药资源的综合、循环、高效利用，促进湖南中药全产业链的提质增效、绿色发展。

在中药创新制剂研发方面，发挥湖湘中药资源保护与利用协同创新中心以及省内有关中药创新药物研究所、区域中药制剂中心、医院制剂产业化中心等协同优势，充分运用现代科学技术，对古汉养生精、妇科千金片、驴胶补血颗粒等湖南名药中药饮片的加工和炮制技术、鉴别方法和生产工艺以及中药的煎煮技术等进行改良和创新。同时开展省域内临床试验规范性研究能力与体系建设，推动以中药为基础的相关产品的研发技术升级，构建体现中药特点的研发技术创新平台，同时建立专门的中药材生产质量规范、新药临床试验质量规范等相关标准化规范，探索引入新工具、新方法、新技术、新标准用于中药疗效评价，促进中药临床研究质量整体提升。

三、优化中医药产业新业态融合创新发展路径

中医药产业新业态发展潜力巨大，但是当前业内低水平重复现象丛生，研发创新严重不足，成为制约其市场发展的桎梏，应当着力推动中医药产业新业态融合创新发展。

一方面，加大中医药文化产业的融合创新。以解决中医药文化领域尤其是湖南地域中医药文化中的重大问题为首要任务，重点围绕中医药文化的研究、产品开发与转化，遵循"升降出入"的总体研究战略，立足湖湘，辐射全国，面向国际，鼓励吸引更多优质文创设计参与中医药文化传承创新，形成一系列在国内富有学术影响力和重大社会效益的研究成果。实施"百草园"建设工程，在有条件的公园、景区、社区建设一批中药"百草园"。以文化创意产业和现代化传媒手段为平台，生产出一批科学准确、通俗易懂、题材丰富、贴近生活的中医药文化科普创意产品，正确指导人们合理安排衣食住行、调节身心，接受中医药文化的熏陶。

另一方面，加快国家级非物质文化遗产"九芝堂传统中药文化""龙山药王文化"以及株洲的神农文化养生保健旅游示范基地、永州异蛇生态文化产业园的建设步伐，使其成为集医疗、养

生、休闲功能于一体，健康服务、健康产业、文化旅游等融合发展的中医药文旅高地。依托森林景观、优质富氧的森林环境、健康的养生环境、美味的森林食品、浓厚的生态文化等森林资源，打造以马王堆汉墓、炎帝陵、苏仙岭、仲景祠、药王庙和湖南省中医药博物馆等为代表的湖湘中医药文化旅游风景线，尽快建成功能齐全、特色明显、环境优美、情调别致，集养生保健、休闲旅游为一体的中医药健康生态旅游产业体系，推进湖南中药材与乡村旅游、生态建设、健康养老等融合发展。

第四节

推动"产学研用"
一体化

"产学研用"一体化指的是以协同创新为动力，以成果转化及市场应用为目标，促成生产企业、高等院校和科研院所有机结合，将"产学研用"四位一体作为一个系统统一谋划、整体推进，通过市场应用赢得应有的效益回报过程。中医药企业借助一体化的研究成果生产适应市场的中医药产品，并将从中获得的部分利润支持研究机构和高等院校进行科研开发与教育实践，再度创新性开发出"含金量"更高、竞争力更强的中医药产品。中医药科研院所和高等院校从中获得应有的协作回报与检验理论、锻炼师生、稳定队伍的多重效益。不言而喻,科学积极地实施"产学研用"一体化可望带来产、学、研三方共赢,产生明显的经济效益与社会效益。要深刻把握中医药的历史价值和时代价值,融入发展大局,将科技创新、人才培养与关联产业发展紧密结合起来,将"产"放于市场,将"学"贯穿始终,将"研"立在突破,支持企业、医疗机构、高等学校、科研机构等协同创新,以产业链、服务链布局创新链,提升科技成果转化率和人才资源使用率,为湖南中医药科技创新增添动能,助推中医药科技创新成果转化体系建设,完善中医药"产学研用"一体化创新模式,为科技湖南增产赋能。

一、强化产业主体,引导研发方向

以中药工业为主体、中药商业为枢纽,充分发挥"湘企"主体作用。从资金保障到引导研发方向,充分发挥市场对技术研发方向、路线选择、要素价格、各类创新要素配置的导向作用,明确中医药企业在技术创新、产品研发和成果产业化中的主体作用。

全力打造产业平台。鼓励以企业为主体,产学研协同,推动建立与中医药产业发展相配套的技术创新平台、科技孵化器和产业化基地。促进中医药产业集群化建设,支持依托企业建设国家重点实验室、国家工程研究中心和国家技术创新中心等，推动企业联合湖南中医药大学、湖南省中医药研究院等高等院校、科研院所与医疗卫生机构开展深入合作，建立联合研发中心和产业技术创新联盟。

引导中医药企业创新发展。以增强市场竞争力为核心，通过资源整合、技术升级，应用先进技术解决制约中药品种做大做强的共性关键技术问题，增加产品科技含量。鼓励企业开展中药创新药物开发、中药资源开发与利用以及珍稀濒危药用动植物的保护研究与开发利用等研发；加速推进中医药关键技术装备、中医药信息化等的研发产业化、现代化，促进中药规模化、智能化生产，从而推动中医药产业做强。

二、助力产学融合，造就创新人才

加快建设高水平复合型医学人才培养体系，聚焦中医药产业发展的重点领域，以湖南中医药大学、湖南中医药研究院、湖南医药学院、湖南中医药高等专科学校等为依托，将人才培养与中医药产业发展和企业需求精准对接，强化课程设置、科学研究等方面专业建设力度。

注重人才培养创新。校企双方协同增强创新策源能力，在人才培养和学生就业方面创新、健全合作机制，持续深化中医药专业供给侧结构性改革，打通人才培养供给侧和产业需求侧，形成以需求为导向的人才培养结构；着力提升行业人才服务能力，健全人才需求监测、人才引进培养工作体系，在产业高端人才、产业创新人才队伍培养引进等方面形成突破。

支持高端研发机构引进国内外顶尖人才和高层次创新人才。在大型企业设立博士后科研工作站，鼓励中医药科研机构、企业与高校联合建立中医药技术人才培养基地，加强创新型人才和高级实用型人才培养，鼓励各类企业和中医药院校加快培养中医药产业发展急需的技能型人才。同时积极引进各类创新人才，收入分配加大向关键岗位和优秀人才倾斜力度，完善技术参股、入股等产权激励机制。

三、凝聚专家智慧，赋能创新研究

凝聚专家智慧，加强高校协同创新，改革赋能科研院所，壮大新型研发机构，提升创新体系效能。推动湖南省中医药研究院、湖南中医药大学及其附属医院与企业、研究所等共建省级中药工程联合研究中心、中医药产业链协同创新平台，强化中医药基础研究与关键技术攻坚，提升原始创新能力。

鼓励企业积极引进创新人才。充分利用中医药人才资源及科学技术优势，为企业在大健康产品研发、中药材种植、提取、加工等方面提供技术指导，创新研发中西医结合诊疗方法及设备，研发中药新药，设立标准化研究院，提高行业标准，推进中医药产业和地方经济的发展。

支持企业培养本土人才和团体。充分汇聚企业专业人才智慧，强化企业技术创新主体地位；同时积极引导骨干企业整合科技资源，依托中药工程联合研究中心、中医药产业链协同创新平台以及博士后科研流动站等载体进行自主研发，加快组织实施产业创新研究。

四、推动科研成果转化，强化实际应用

以创新科技成果转化机制为主，促进资金、技术、应用、市场等要素对接，努力解决研究"最先一公里"与成果转化、市场应用"最后一公里"有机衔接问题。要完善成果转化体系，加强产业链、创新链、服务链协同发展，鼓励企业与高校、科研机构共建中医药领域技术创新中心，推动企业从研发环节进驻或参与技术协作。

进一步健全中医药产业导向的成果培育机制。构建中医药科技成果转化价值评估服务体系，增强高校院所科研人员职务科技成果转化支持政策在落地环节的衔接性、一致性和协同性，提高中医药科技成果转化率，将理论性科研成果转化为社会生产力。支持湖湘中医医院与企业、科研机构、高等院校等加强协作、共享资源，打通中医药产业要素聚集—科技创新—成果转化的政策通道，大力支持中医药成果产业化、中医药成果技术交易，建设

一批中医药科技成果孵化转化基地。

强化科研成果转化服务。定期对科研成果转移转化情况、科技成果收益及分配情况进行检查，以成果转化水平作为申报科技成果奖励、科技项目支持的重要依据。鼓励高等院校、科研院所、医疗机构建立专业化技术转移机构，在中医药成果转化收益、团队组建等方面赋予科研单位和科研人员更大自主权，促进研究成果转化应用。

第 6 章

突出重点，着力打造中医药千亿产业集群

中医药学是中华文明的瑰宝。要深入发掘中医药宝库中的精华，推进产学研一体化，推进中医药产业化、现代化，让中医药走向世界。

——2018 年 10 月 22 日，习近平总书记在广东考察珠海横琴新区粤澳合作中医药科技产业园时的讲话

中医药产业发展是推动湖南中医药事业发展的重要组成部分，打造中医药千亿产业集群、发展中医药多业态是湖南中医药强省建设的重点工作之一。2020年12月，湖南省委、省政府印发《关于促进中医药传承创新发展的实施意见》，强调推进中医药千亿产业链建设，促进中医药一二三产业深度融合发展。要实现这个目标，需从加强中药材基地建设、创建更多的湘药品种和湘药企业、创建湖湘品牌的中医药工业产业园、进一步扩展中医药产品的流通渠道四个方面联动发力、扎实推进。

第一节

加强中药材基地建设

湖南省积极开展"湘九味"培育工程，以道地药材和地理标志认定为依据，正式发布百合、玉竹、黄精、山银花、枳壳、博落回、茯苓、杜仲、湘莲为"湘九味"中药材品牌品种。2019

年，湖南省提出千亿中药材全产业链发展目标，提出培育、保护、推广"湘九味"等中药材公用品牌，支持获得国家地理标志的中药材县域品牌建设，推行中药材生态种植、野生抚育和仿生栽培。加强以"湘九味"为代表的湖南优质中药材基地的建设，是湖南打造中医药千亿产业集群的重要基础性工作。

专栏 6-1

"湘九味"是什么

"湘九味"是指在湖南省境内种植的优质的且在全国颇具影响力的道地药材或特色药材，是湖南品牌药材的通称。2014年11月，由湖南省人民政府办公厅发布了《关于加快中药材产业发展的意见》，首次提出培育"9个'湘九味'标志性品牌药材"的概念，即百合、玉竹、黄精、山银花、枳壳、博落回、茯苓、杜仲、湘莲。

一、正确认识中药材资源发展不均衡问题

目前，湖南中药材大品种种植基本实现规范化、生态化发展。预计到 2025 年，湖南省中药材种植面积将超过 500 万亩（包括林木、菌类药材），规范化生产基地超过 100 万亩，并将提质

建设 20 个中药材种植基地示范县，推广一批选育或改良的特色中药材品种，建设 15~20 个省级道地药材良种繁育基地。然而，当前湖南中药材保护发展依然面临一些困难和挑战，比如中药材上游产业分散，未形成规范化种植，发展重点不突出；中药材大品种、大品牌较少，市场竞争力不强；等等。总体而言，湖南中药材资源发展还存在以下不均衡的问题：

第一，中药材品种多，但影响力与资源禀赋不匹配。据第四次全国中药资源普查统计，截至目前，湖南省中药资源共计 5670种，常年种植中药材品种 200 多个，其中大宗品种 50 个，包括 20个重点品种。重点品种中，9 个"湘九味"优势品牌品种是全省发展的重点。其中，玉竹、百合、湘莲、黄精、山银花等在全国享有盛名，但仍存在产地初加工与大品种集散地的结合不够，形成具有全国绝对影响力的高质量大品种在一定程度上受到限制；中成药大品种对湖南省内资源依赖度不高，对中药材产业带动力有限；杜仲等木本类药材开发利用价值远低于其资源规模，林下生态经济发展不足等问题。这些问题导致资源禀赋与市场占有量及影响力不匹配。

第二，种植积极性高，但市场预测难。湖南省中药材种植面积达 450 万亩，有中药材种植基地示范县 20 个、中药材种植企业3000 余家，超过 20 万人从事中药材种植，是全国中药现代化科技产业基地建设省份之一。同时，观赏园艺中药材作为中药材种植业的另一产品形态，正在快速兴起，如红豆杉、百合、铁皮石斛、灵芝、迷迭香等。野生蕴藏量及种植规模与市场需求仍存在信息不对称现象，盲目种植在生产中依然普遍存在，尤其中药材较其他经济作物生长期偏长，因缺乏市场信息大数据分析而导致市场与生产环节欠契合、预警不及时等，易出现伤农事件。

第三，农民脱贫效果好，但持续增收机制欠完善。据 2019 年湖南省扶贫办数据显示，2014 年以来，湖南省共安排财政扶贫资金 2.12 亿元，实施中药材产业项目 74 个，新建中药材基地 103883 亩，带动 101073 名建档立卡扶贫对象增收脱贫，脱贫效果显著。据湖南省中药材种植基地示范县 2019 年总结材料统计，湖南中药材产业扶贫工作总受益人群约 24 万人，直接脱贫 8.6 万人。前期的扶贫工作对助力乡村振兴及带动农户稳定增收具有良好的作用，但要实现持续增收、防止农户返贫，仍需要建立制度及技术保障机制，如市场正确预判、种植与加工企业及商家的利益联结机制、农业保险等保障措施等，这在下一步乡村振兴战略中必须重点关注。

第四，品牌效果日益凸显，但中药材种质创新弱。在经过 6 年的培育遴选之后，2019 年，在第五届"湘九味"中药材论坛上湖南公布了 9 个"湘九味"品牌药材遴选品种。由湖南省中药材产业协会主办的"湘九味"中药材论坛已举办了 7 届，每届论坛均有 2 个主题药材或以核心技术为话题，"湘九味"公用品牌已经在全国形成一定影响力。但也要看到，湖南省在水稻、果蔬茶等作物育种上的领先优势并未体现在中药材产业中。种业是农业的

"芯片"，而目前中药材品种认定工作较为落后，湖南省中药材种子种苗整体上处于自繁、自育、自用的"三自"阶段，总体上中药材种质创新工作仍较为滞后。

二、多措并举助推中药材产业发展

一是加快启动中药材新品种认定工作。进一步建立中药材分类育种与栽培管理体系，完善中药材种植业标准体系建设。目前，浙江、广东、江西等省已率先在省内试行中药材新品种认定。为推动岳麓山中药材种业创新中心工作，建议对中药材进行分类（药品、非药品及衍生产品），并实施不同应用业态定向育种。在《中药材种子管理办法》未颁布实施前，创新制定过渡性中药材品种认定相关办法，由省种子管理部门予以认定。积极支持省内中药材选育与种质创新研究工作，支持湖南岳麓山中药材种业创新中心有限公司模式创新与种业成果转化工作，加强种质资源库及良种繁育基地建设，提高中药材良种与种苗供应能力。

二是持续支持"湘九味"品牌建设。持续支持"湘九味"公用品牌建设，带动构建县域公用品牌、企业品牌、特色产品的品牌体系；以"湘九味"中药材产业集群建设为示范工程，进一步提升中药材产业品质链、价值链，实施好"湘九味"中药材产业集群项目，加快实现打造中药材千亿产业目标。同时，加强湖南省中药材产业协会协调与信息能力建设，强化"湘九味"品牌建设合力。继续支持国家体系岗站（包括采收及产地初加工岗位、湘西综合试验站、食用百合龙山综合试验站）、省体系岗站以及省专家咨询委员会联络办公室牵头制定"湘九味"公用品牌建设方案。加强信息化能力建设，支持中药材产业信息数据收集整理与发布工作常态化。

三是对中药材种植基地示范县提供政策支持。全省已认定 3 批共 20 个中药材种植基地示范县，建议对 20 个中药材基地示范县实行动态管理，加强评估考核，统筹相关资金对中药材种植基地示范县建设给予专门经费鼓励和支持。同时，要防止中药材种植"过热"和侵占基本农田，加强中药材种植区划管理，提高中药材加工水平和扩大应用市场；要加快中药材分类，只有实施分类管理才能保证中药材产业健康发展。

四是进一步加强中药材产业科技支撑。建议将"中药材产业链"项目纳入支持范畴，并继续结合中央引导地方科技发展专项，加大对中药材产业支持力度。对岳麓山中药材种业创新中心等平台予以稳定支持，构建中药材产业发展科技创新和资源共享平台；加强对农业投入品、药食同源产品开发等项目支持，推动中药材产业升级改造；稳定支持中药材产业技术服务和指导专家团队，为中药材种植、仓储、加工、商贸等全产业链提供科技支持。

五是支持林药培育工程。支持开展林木珍稀中药材野生抚育和规范化栽培，建设一批生态化、规模化林木药材特色品种种植基地。同时，支持发展林下药材经济，开展林下植物、菌类、动物类药材种植养殖，提升中药材复合经济价值。

培育"湘中药"大品种和"湘中药"大企业

"湘中药"大品种和"湘中药"大企业是推动湖南中医药千亿产业集群发展的重要引擎。目前，湖南中医药相关企业发展迅速，涌现出了大批著名的湘药品牌和湘药企业。但是总体而言，湖南的中医药龙头企业数量较少，规模较小，引领作用不够强，在中药材加工领域也有较大的提升空间。因此，创建更多的"湘中药"大品种和"湘中药"大企业势在必行。

一、湘药品牌和湘药企业缺乏龙头引领

第一，湘药品牌和湘药企业总体规模尚可，但龙头企业的全国比较优势不明显。根据湖南省统计局数据显示，全省现有中药

工业规模企业 372 家，完成主营业务收入 571.3 亿元，九芝堂、千金药业、汉森制药、天地恒一、天济草堂等进入中药企业全国百强，23 个中成药品种产值超亿元，中药制药工业已初具规模。目前，湖南共有九芝堂股份有限公司、千金药业股份有限公司、启迪古汉集团股份有限公司、汉森制药股份有限公司、方盛制药股份有限公司、九典制药股份有限公司、华纳大药厂股份有限公司 7 家中药上市企业。从全产业链来看，现代中药集聚了九芝堂、春光九汇、安邦制药、方盛制药、正清制药等企业；高端原料药与制剂集聚了九典制药、威尔曼制药、康源制药等企业；医药流通集聚了国药控股、华润、九州通和老百姓大药房等企业。但是，湖南中医药产业整体存在发展不均衡的现象。湖南长期拥有中药材资源大省的显著地域优势，却在某种程度上处于"产业小省"的困局，产业龙头引领作用不强，重点产品和领导品牌打造乏力，产业发展特色及重点突破口较滇、赣、浙等省相对不足。其中，湖南大型中医药企业拥有过亿的资产，具有国家 GMP 认证的生产系统和自主研发、拥有知识产权的产品，与多家著名研究所有着长期稳定的合作关系，自身拥有较为完善的分销渠道。而中小型中医药企业自身产值较低，则一般从事中药材的加工或者仿制药的生产；具备一定的科研能力，但是自主研发的程度不高；分销渠道较为单一。除安邦制药、湘雅制药等借助"一带一路"建设和新冠疫情防控迈出国门走向世界的知名企业，大部分都名不见经传，有的甚至濒临破产。

第二，湘药企业的科技实力偏低，研发创新能力不足。近年来，湖南省中药产业虽然取得了较快发展，但仍然存在产业规模小、自主知识产权产品缺乏、创新能力不足等现实问题，中药产业总体竞争力还不强，尚未形成产业优势，也缺乏行业龙头企业的带动效应。全省销售收入排名靠前的中药企业大多缺乏核心技术研发成果，产业应用技术的开发力度不够，与新时代的发展要求还有一定差距。究其原因主要包括两个方面：其一，企业科技研发投入不足，与周边发达地区同类企业相比科技投入差距较大。以省内综合实力排名第一的九芝堂股份有限公司为例，据企业公布的年度报告显示，其 2022 年度研发费用为 1.42 亿元，研发费用占全年营收比例仅为 4.49%。同期，江苏康缘药业股份有限公司研发费用为 6.06 亿元，同比增长 21.29%，研发费用占全年营业收入比例达 13.93%。其二，湖南中药企业缺乏具备国际视野、创新品质的高水平科技领军人才，企业自主研发能力不强，虽有资源优势却不占产业优势，虽药材产量较大，但缺乏高附加值的终端大品种支持，传统产品的二次开发能力不强，如针对古汉养生精、驴胶补血颗粒、四磨汤口服液、肝复乐等产值过亿的系列传统大产品缺乏重大技术突破能力，发展后劲明显不足。

第三，"湘中药"大品种发展势头良好，但全产业链的联动性有待加强。长期以来，湖南努力培育"湘中药"大品种，提升"湘中药"附加值，全面加快打造国家重要先进制造业高地的新征程。目前，湖南不但集结了一批优秀企业，而且打造了一批拳头产品，年销售额过亿元的中药单品种约 28 个，涌现出了妇科千金片、六味地黄丸、古汉养生精、调经益灵片、参苏口服液、正清风湿灵、追风透骨胶囊、心脑保泰口服液、银黄清肺胶囊等重磅产品。其中，六味地黄丸、古汉养生精等传统中成药畅销东南亚，活络消痛胶囊、康复新液等一批中药新药呈后来者居上之势。时代阳光药业创新中药"便可通片"的研制项目列入了国家重大新药创制"国家科技重大专项"，全国独家品种小儿扶脾颗粒标准增补纳入《中华人民共和国药典》。另外，湖南还十分重视中药产业重点品种的培育，加大道地药材品牌建设力度。四磨汤口服液、缩泉胶囊、咽喉清口服液、小儿扶脾颗粒、正清风痛宁片、六味地黄丸、驴胶补血颗粒、妇科千金片 8 个产品入选 2019 年度中药大品种科技竞争力排行榜。春光九汇现代中药有限公司、药圣堂中药科技有限公司等饮片企业快速发展壮大，全省可生产传统饮片、超微饮片、精制饮片等多种中药饮片，在产品种超过 800 种。然而，值得关注的是，通过对本土中医药领头企业的拳头产品原料进行分析可以发现，目前药品领域对湘产中药材依存度不大，中药中上游产业链联动性不强。中医药企业在链接、带动上游中药材产业方面的作用不强，使得当前的湖南中药产业既无法实现全产业链的跨越式发展，也无法实现以点带面的带动式突破。

湖南省中医药衍生产品领域发展现状

湖南省涌现出长沙华诚生物科技有限公司、长沙市惠瑞生物科技有限公司、湖南希尔天然药业有限公司、湖南绿蔓生物科技股份有限公司等植物提取物代表性企业；湖南美可达生物资源股份有限公司、湖南加农正和生物技术有限公司为代表的中兽药与饲料添加剂等农业投入品代表性企业；千金药业股份有限公司、绿之韵生物工程集团有限公司、湖南炎帝生物工程有限公司等"消、妆、健、食"字号及"特殊医学用途配方食品"代表性企业。其中，千金药业股份有限公司的"净雅"中药日用品系列产品年销售额超过5亿元。当前，湖南中医药衍生产品虽发展势头较好，但整体规模不大，辐射带动效应有限。

二、湘药品牌和湘药企业发展需强内功

一是扶持湘药品牌与企业标杆，培植发展生物医药营养健康企业。扶持一批具有一定规模和代表性的湘药品牌和湘药企业，作为湖南省中医药产业发展的标杆。加大对道地中药品牌产品的培育和扶持力度，将一批创新性高、惠民价值显著的省内中成药

产品列为湖南省中药产业重点品种进行培育。在整合现有中药健康产业资源的基础上，加快引进和培育一批加工和营销龙头企业。大力发展生物药、化学药新品种、优质中药、新型辅料包材和制药设备，推动重大药物产业化。发展专业医药园区，支持组建产业联盟或联合体，引进培育生物医药产业。充分发挥以湖南为主体的国家"中部地区·区域性营养创新平台"示范引领作用，挖掘营养食品优质资源，加强科研成果转化应用，促进营养健康产品研发，加强营养科普宣传和人才培养，打造营养食品产、学、研、贸高地。

二是提升科研创新能力，丰富中医药健康产品供给。深化创新驱动，支持中医医院与企业、科研机构、高等院校等加强协作、共享资源，推动共建省级中药工程联合研究中心、中医药产业链协同创新平台，强化中医药基础研究与关键技术攻坚。加快中药制造业数字化、网络化、智能化建设，加强技术集成和工艺创新，提升中药装备制造水平，加速中药生产工艺、流程的标准化和现代化。以保健食品、特殊医学用途配方食品、功能性化妆品、日化产品为重点，研发中医药健康产品。鼓励围绕中医养生保健、诊疗与康复，研制便于操作、适于家庭的健康检测、监测产品及自我保健、功能康复等器械。充分发挥湘药产业发展研究院的引领、凝聚作用，以湖南中药资源开发为重点，加强政产学研商融合，打造千亿级中医药产业链，助力中医药产业高地建设。

三是加强中药质量安全监管，提升中药全产业链质量保障。推动制定湘产中药材种苗繁育、采收、产地初加工、野生抚育及仿生栽培技术规范和标准，支持制定道地药材、大宗药材及其饮片质量等级标准，强化中药材质量标准制定与质量管理，促进中药饮片优质优价。加大对龙山百合、邵东玉竹、隆回山银花等获得国家地理标志的中药材产品的保护和重点开发力度，鼓励与支持获得国家地理标志的产品保护范围的更多企业使用其"地理标志产品专用标志"。加强中药溯源管理和中药全产业链质量保障，支持建设区域性中药外源性污染物检测与安全性评价中心，构建中药外源性有害残留物监测体系。建立完善中药材、中药饮片、中成药全产业链质量监管系统，强化多部门协同监管，基本实现中药重点品种来源可查、去向可追、责任可究。

第三节

推进中医药工业
产业园建设

2022 年 4 月 8 日，由湖南省中医药管理局、湖南省药品监督管理局和湖南省卫生健康委员会联合发布《关于促进湖南省中药产业高质量发展的若干措施》，对促进湖南中医药工业产业的发展提出了若干有力措施，包括促进中药材产地初精深加工发展、支持中药材专业市场改造升级、允许部分中药饮片品种委托生产、鼓励中药饮片生产经营一体化等一揽子措施。目前，湖南中医药工业产业在初精深加工发展方面还有待进一步加强，湖湘品牌的中药材专业市场发展相对薄弱。因此，创建具有湖湘品牌的中医药工业产业园，大力推动湖南中医药工业产业的快速发展迫在眉睫。

一、发掘湖湘中医药工业发展优势

一是发挥产地初加工技术优势，夯实湖湘中医药工业发展基础。中药材初加工是保证药材质量的重要措施，成型干燥等初级加工是中药材成为可流通商品的重要环节，对于中药材规范化、标准化和安全性均有重要意义，也是中药材专业市场和集散地的重要成因。近年来，中药材初加工及饮片炮制一体化逐渐引起行业重视，预计到 2025 年，湖南省中药材产地初加工将在传统集散地集聚形成规模化，质量也将有明显提升，初加工标准规程体系基本建立，部分饮片趁鲜加工将成为常态。到 2025 年，预计形成 10 个中药材集散地，同时增强廉桥、高桥中药材交易市场活力。随着产地初加工技术的显著改进和提升，湖南中药材的质量控制和流通速度将不断优化，将为我省中医药工业的增速发展提供坚实支撑。

二是聚焦精深加工特色，打造湖湘中医药工业发展的增长极。中药材精深加工是中药材价值显著提升的重要形式。中药材产业具有产业链长、业态广等特点，"药品"领域应用仍是未来中药材精深加工的重要业态。植物提取物在湖南具有较好的产业基础，永州、张家界、津市等都在谋划建设植物提取物产业基地，植物提取物具有成为大健康原料产业的潜力。为发挥中医药提高免疫力、防控新型冠状病毒与非洲猪瘟的作用，坚持"为了动植物的健康就是为了人类健康"的大健康理念，在非洲猪瘟防疫与饲用抗生素退出的背景下，湖南对中兽药及饲用天然植物产品与产业发展予以更多关注，进一步扩容传统中药产业。湖南省药食同源药材优势突出，可开发为食品与保健食品、日化产品等。未来几年内将进一步加强中药工业关键技术的创新研究，助推农业投入品、植物提取物、食品与保健食品、日化产品等衍生产品在中药材产业链中实现更优价值与市场重大突破，占据更高地位，努力打造湖湘中医药工业发展新的发力点和增长极。

中药材在畜牧业的应用前景广阔

中药作为药物或饲料添加剂在我国畜牧业中使用已有悠久的历史。中兽药产品具有天然性、毒副作用小、无药物残留、不易产生耐药性、对生态环境无污染、用药安全、使用方便等特点，不仅在动物疾病的防治方面具有独到的优势，还保证了畜禽产品的安全。中兽药行业起步于20世纪70年代，随着医药产业的发展，中兽药新制剂、新产品的研究开发在不断增强。《中国兽药典》2000年版二部收载成方制剂183种；2005年版增加新的中兽药制剂20种；2015年版新增中药材和成方制剂9种，修订415种；2020年版新增中药材和成方制剂31种，修订标准16种。中兽药和饲用植物因符合现代养殖的绿色、安全、健康、环保等理念，受到业界和政府的高度重视，成为扩容传统中药产业的新兴方向。

二、打好创建湖湘品牌工业产业园的"组合拳"

一是创建湖湘品牌的中医药工业产业园。以湖南道地药材为抓手，推进中药配方颗粒研制和产业化、规模化，打造以浏阳生物医药园为核心的现代中药产业基地。充分利用物联网、大数据等新技术，推动邵东廉桥、长沙高桥等区域专业化市场提质升级，在全省中药材重要产区建立信息站点，建设产销信息化平台，打造现代化中药材电子交易市场。推进中药制造业数字化、网络化、智能化建设。"马王堆"是湖南中医药事业最闪亮的名片，是最具有湖湘中医药特色的中医药品牌。以"马王堆"作为湖南中医药工业产业园的品牌，充分挖掘马王堆医学特色，着力整合湖南中医药的产业链条，对于构建湖南中医药千亿产业集群具有积极促进意义。

二是扩大湖湘品牌的中医药健康产品供给。以湖湘中医药文化为基础，以保健食品、特殊医学用途配方食品、功能性化妆品、日化产品为重点，研发中医药健康产品。鼓励围绕中医养生保健、诊疗与康复，研制便于操作、适于家庭的健康检测、监测产品及自我保健、功能康复等器械。以现有的湘药企业和湘药品牌为依托，根据人民对健康多样化的新需求推出更多的中医药健康产品。

三是推进湖湘中医药的国际多元化交流合作。全面推进湖湘中医药融入"一带一路"建设。充分利用政府间"国家年""中医药周"和"中非经贸博览会"等平台，拓展马王堆养生文化海外传播渠道。加强与粤港澳大湾区和台湾地区中医药交流合作，将马王堆中医药工业产业园与国际平台相对接，拓宽湖湘中医药产品在国际销售与传播的途径。充分发挥湖湘中医药资源优势，通过"走出去""引进来"吸引国（境）外人士接受中医药医疗、保健、健康旅游、教育培训、文化体验等服务。

四是打造湖湘中医药服务出口新业态。大力发展"互联网+中医药贸易",支持中药类产品开展海外注册。借助中国(湖南)自由贸易试验区政策优势,以中非经贸深度合作先行区为载体,以争创国家中医药服务出口基地为突破口,推动湖湘中医药产品进入海外市场,加大营销力度,提高出口份额。

第四节

拓展中医药产品
流通渠道

中医药产品流通渠道是促进湖南中医药第一、第二和第三产业融合的活水源头,是激活湖南中医药产业发展的动力。但目前湖南中医药产品的交易市场建设水平有待提高,虽然中医药产品的交易市场及集散地较多,但还未出现具有强大整合力和辐射力的产品交易渠道。随着后疫情时代的来临,湖南中医药产品流通市场的发展既面临巨大的压力,又蕴藏着极大的前景。

一、推进中医药产品流通市场高质量发展

第一，以转型升级擦亮廉桥"南国药都"品牌。湖南邵东廉桥镇中药材文化源远流长，唐代孙思邈结庐采药于此，明代李时珍标本采集也在此，素来有着"南国药都"的美誉。廉桥镇经营中药材已有上百年之久，拥有全国唯一坐落于乡镇的中药材专业市场，现有中药材经营部 1200 多户、门店 1488 间，从业人员 1.1 万人，日吞吐药材 400 多吨，2022 年交易总额 85 亿元，成交量在全国中药材专业市场中排名第四，其中玉竹、玄参、射干的产销量占全国 80% 的份额。但是，随着中医药产业的深度发展，廉桥药材市场也暴露出个体户太多、运营不规范、环境差、产业单一、市场内竞争激烈等问题。同时，全省中药材流通虽呈现"点面结合"的发展状态，但尚未形成一个超百亿的中药材交易平台，10 亿以上的交易平台仅 1 个，1 亿以上交易平台不超过 4 个，整体发展提质迫在眉睫。近年来，政府重拳出击，对廉桥药材市场进行改造升级，征地 535 亩，引进投资 4.5 亿元，另辟新址建设廉桥中药材专业市场，建设经营门店千余间。同时，设立中药材监督管理所，定期对市场中药材进行抽检，多形式开展培训，指导经营户严格把控中药材质量关，强化市场精细化管理，力求擦亮廉桥亮点，将"南国药都"的品牌优势转化为中药材产业转型升级的动力。不仅如此，廉桥镇依托中药材专业市场，打造以生物医药、医械制造、医药物流三大产业体系为核心的百亿廉桥医药工业科技园区，总投资 68.7 亿元，

规划面积 3 平方公里，以功能食品、中药材深加工、医疗器械为生产主体，打造集研发、生产、包装、物流、营销于一体的现代中医药产业园区。廉桥中药材仓储物流交易中心仓储中心面积 14.1 万平方米，是目前全国单体面积最大、首家涉及市场交易的中药材物流基地。该交易中心集交易、仓储、物流、检测、仓单质押、质量追溯服务于一体，建立起"互联网 + 中药产业 + 金融服务 + 现代物流"的服务模式。放眼未来，在全国中药材原料采购面向产地的大形势下，如何凭借打造中药材产业链之力，进一步突破高质量发展的转型升级，真正将南国"药香"散布到大江南北，廉桥中药材专业市场的集约式、内涵式发展还需长远谋划。

第二，以资源汇聚激活高桥大健康医药城新动能建设。湖南高桥大市场是中西部地区规模最大的千亿元级商贸产业集群和全国第三大综合性市场，是全国重要的商品集散地、中转配送地、货源辐射地和消费中心。高桥大健康医药城作为高桥大市场自贸试验区的核心区域，规划总面积 8 万平方米，计划投资 4.8 亿元，共设 13 层，整个项目于 2021 年 12 月投入运营，首批 106 家医药企业入驻。湖南生物医药与健康产业博览会联合湖南高桥大市场打造的湖南中药材"一县一馆"基地是高桥大健康医药城核心板块之一。基地以县为单位，组织省内中药材种植基地示范县和中药材种植强县入驻，探索"专业市场 + 创新孵化器"的一体化产业推进模式，共同打造湖南中药材产业生态创新平台、产销对接合作平台、品牌宣传推介平台、国际贸易直通平台，构建现代完备的服务体系，打造湖南中医药特色示范高地。在自贸区框架下，高桥大健康医药城将大力发挥中医药商贸枢纽的资源汇聚作用，围绕大健康医药产业上下游、全链条持续发力，不断拓展覆盖面，延伸产业链，培育新动能，全力打造独具湖南特色的"研学产销"一体化大健康产业集群，推进中医药智能化、产业化、国际化接轨的平台搭建，打通高效率、低成本的湖南大健康医药产品走向全球的国际贸易大通道，助力区域内企业从国内走向国际，从中小品牌成长为中国品牌和世界品牌。

专栏 6-4

自贸区建设为高桥大市场中药材产业发展带来新机遇

2020 年 9 月 21 日中国（湖南）自由贸易试验区正式获批之后，高桥大市场建设中非经贸合作示范园，这一园区的建设将为高桥发展带来重要契机，推动构建国际化的商贸流通平台。湖南生物医药与健康产业博览会联合湖南高桥大市场打造的湖南中药材"一县一馆"基地，是高桥大健康医药城核心板块之一。该基地探索"专业市场＋创新孵化器"的一体化产业推进模式，共同打造湖南中药材产业生态创新平台、产销对接合作平台、品牌宣传推介平台、国际贸易直通平台，构建现代完备的服务体系，致力于打造湖南中医药特色示范高地。

二、以大数据助推中医药产品市场快速流通

一是促进中医药产业发展和业态融合。在省级政府投资基金中重点支持中医药产业发展，建立产学研医政联合攻关、一二三产业联动发展机制。建设中药材优势特色产业集群，打造武陵山片区、雪峰山片区、南岭片区、罗霄山片区和环洞庭湖区五大中药材产业带，建设一批道地药材种子种苗繁育基地、大宗道地药材生态种植示范基地、林下生态种植示范基地和中药材产地初精深加工示范基地。培育湘莲、百合、玉竹、金银花、黄精、茯苓、枳壳、杜仲等"湘九味"品牌中药材。引导中药企业在药材适生地区设立"定制药园"作为原料药材供应基地。支持建立一批集中药材种植（养殖）、中药系列深加工和大健康产品于一体的中药科技园区，打造以浏阳生物医药园为核心、辐射全省的现代中药产业基地。推动邵东廉桥、长沙高桥现代中药材流通市场改造升级，做大做强一批大型医药流通企业。培育一批中医药养生保健新业态，推进中药材与乡村旅游、生态建设、健康养老等融合发展。

二是加强信息化基础体系建设。近几年来，随着新冠疫情的持续影响，中医药的产品流通渠道开始逐渐转至互联网平台。因此，需大力完善全省中医药产品交易平台，强化互联互通与资源共享。逐步建设覆盖全省中医药产品交易的高速宽带，无缝覆盖、智能适配的新一代信息网络基础设施，加速中医药产品贸易

新基建。破除信息化壁垒，加强标准化建设。加强信息和网络安全防护，落实信息安全等级保护制度。

三是加强健康医疗大数据资源应用共享。推进湖南省健康医疗大数据中心建设，加强 5G、区块链、大数据、人工智能、云计算等技术在"互联网＋医疗健康"中的应用，深化健康医疗大数据在行业治理、临床医疗、公共卫生、医学研究等方面的应用。构建湖南省健康医疗大数据基础支撑体系、基础应用体系、产业支撑体系、服务管理体系，加强数据标准、安全和服务管理，推动辅政、利医、惠民、兴业应用。

第五节

加快中医药相关产业发展

作为中医药千亿产业集群中的重要组成部分，健康服务业是未来湖南中医药事业发展的新的重要增长点之一。国务院办公厅印发的《"十四五"中医药发展规划》中明确指出，发展中医药健康服务业。其中包含了促进和规范中医药养生保健服务发展，发展中医药老年健康服务，拓展中医药健康旅游市场，丰富中医药健康产品供给四项任务。

一、推广大健康服务产业

近几年来，湖南中医药相关产业的发展取得了长足的进步。2018 年，国家旅游局和国家中医药管理局联合发布第一批国家中医药健康旅游示范基地创建单位名单。在全国 73 个单位中，湖南龙山康养基地、湖南永州异蛇生态文化产业园、湖南九芝堂中医药养生及文化科普基地 3 家单位入选。但是，总体而言，湖南以中药材衍生产品为核心的大健康服务业仍处于起步阶段，涉及中医药康养的科技服务、文旅虽然逐渐兴起，但药旅文化产业化进程仍然较慢。依托湖南省深厚的中医药文化底蕴和丰富的旅游资源，中药养生养老、中药特色旅游、中药园艺观光休闲、药膳、药茶等一批服务项目目前多处在"雷声大雨点小"状态。中药材正成为支持乡村振兴的重要产业元素，但目前湖南省内以小规模休闲农庄为主体，产业培育需待时日，整体呈现良莠不齐、规模不大、后劲不足的特点，亟须推进市场化运作，将文化产业、加工业与药旅融合，实施高质量发展，为乡村振兴贡献中医药特色力量。另外，中药材科普活动及中药材科技服务的力度还有待加强，对于中医药相关产业发展的转化和助推作用不够。

二、提高中医药相关产业发展水平

一是积极发展中医药多业态。设立中医药产业发展基金，建立产学研医政联合攻关、一二三产业联动发展机制，打造"大健康企业＋大健康基地＋大健康产品＋大健康服务"全链条健康产业发展模式。支持开展湘产大宗药材产地趁鲜加工与炮制一体化试点，从省内优势中药材资源中研发培育功能性强、市场需求大的中药食品、保健食品和保健用品、日化与化妆品、农业投入品。大力发展中医药养生保健和健康养老服务，创建国家中医药健康旅游示范区，开辟中医药康养精品旅游线路。推进中医药参与乡村振兴和生态建设，打造省级森林康养基地，加快中医药特色小镇建设。

二是促进和规范中医药养生保健服务发展。促进中医健康状态辨识与评估、咨询指导、健康干预、健康管理等服务规范开展。推广太极拳、八段锦等中医药养生保健方法和中华传统体育项目，推动形成体医结合的健康服务模式，特别是以马王堆导引术等凸显湖湘中医药特色的项目为主体，打造具有湖南特色的中医药养生保健服务模式。鼓励中医医疗机构为中医养生保健机构提供技术支持，支持中医医师依照规定提供服务。

三是发展中医药老年健康服务。强化中医药与养老服务衔接，推进中医药老年健康服务向农村、社区、家庭下沉。逐步在二级以上中医医院设置老年病科，增加老年病床数量，开展老年病、慢性病防治和康复护理。推动二级以上中医医院与养老机构合作共建，鼓励有条件的中医医院开展社区和居家中医药老年健康服务。鼓励中医医师加入老年医学科工作团队和家庭医生签约团队，鼓励中医医师在养老机构提供保健咨询和调理服务。推动养老机构开展中医特色老年健康管理服务。在全省医养结合示范项目中培育一批具有中医药特色的医养结合示范机构，在医养结合机构推广中医药适宜技术。

四是拓展中医药健康旅游市场。鼓励地方结合本地区中医药资源特色，开发更多体验性强、参与度高的中医药健康旅游线路和旅游产品，吸引境内外消费者。以湖南省森林康养基地项目为依托，打造各地具有不同特色的中医药健康旅游基地。完善中医药健康旅游相关标准体系，推动中医药健康旅游高质量发展。

专栏 6-5

积极探索湖湘中医药康养新业态

湖南发展中医药康养产业具有独特的资源和优势。湖南中医药综合实力雄厚，中药材蕴藏量和资源种类均居全国第二。湖南旅游文化资源丰富，迷人的自然山水风光、神秘的少数民族风情和厚重的历史文化底蕴，具有发展健康旅游休闲、森林康养产业得天独厚的条件。

近年来，湖南依托自身资源优势，加快康养产业发展，《湖南省健康产业发展规划 (2016—2020 年)》《关于促进五大融合加快发展健康产业的意见》《湖南省森林康养发展规划 (2016—2025 年)》等文件先后出台实施，康养产业体系更加完善，产业环境持续优化，产业区域竞争力明显提升。

第 7 章

把握关键，强化中医药人才队伍建设

要坚持党管人才，坚持面向世界科技前沿、面向经济主战场、面向国家重大需求、面向人民生命健康，深入实施新时代人才强国战略，全方位培养、引进、用好人才，加快建设世界重要人才中心和创新高地。

——2021 年 9 月 27 日至 28 日，习近平在中央人才工作会议上的讲话人才是"第一引擎",强化中医药人才队伍建设是湖南中医药强省建设的关键。湖南省紧跟党和国家的中医药人才战略部署,立足地方中医药事业发展的现实需要,提出实施中医药"神农人才"工程,打造中部地区中医药人才聚集高地,为实现湖南中医药事业高质量发展提供了重要保障。下一步需在健全中医药人才发展规划、优化中医药人才评价体系、建立科学引才和用才机制等方面进一步深化工作。

第一节

健全中医药人才
多渠道培养体系

人才培养的核心问题是回答"为谁培养人""培养什么样的人""怎么样培养人"。新时代需要培养的是以"大国计、大民生、大学科、大专业"的新定位推进医学教育改革创新发展背景下的新医科人才，是传承中医药文化核心价值观、遵循中医药人才成长规律、体现中医药学科特色的现代复合型中医药人才。因此，中医药人才培养是一项整体系统工程，需要经历文化铺垫、兴趣培养、基础夯实、临床实践、经验积累与学术凝练等过程，数十年如一日的积累方能成就一个大师级人才。新时期建设中医药强省的跨越式发展目标，对高水平的中医药人才支撑体系提出了更高要求。应进一步健全中医药人才发展规划，探索建立符合中医药特点的人才培养体系，努力建设一支具备坚定中医信念、系统中医思维、深厚中医理论基础和扎实中医临床实践能力的中医药人才队伍。

一、高等教育是培养中医药人才的主要渠道

在时代发展、国家大势与社会需求的共同促进下，我国高等教育的发展迎来新形势、新格局、新发展。随着社会需求的专业化，高等教育的专业也越来越细分。同时，国家鼓励打破学科壁垒，促进学科交叉融合，培养复合型人才。2014 年 6 月，教育部等六部门联合印发《关于医教协同深化临床医学人才培养改革的意见》，全面开启临床医学研究生教育的新模式，在全国范围内开始快速实施临床医学专业学位研究生培养和住院医师规范化培训并轨。学士、硕士以及博士的培养是一个系统工程，亟须统筹规划，建立系统完善的具有中医药特色的高水平人才培养体系，

知识的宽度与深度、临床能力的培养需逐层调整和递进，不能简单累加。需统一规划本科以及研究生的培养目标和模式，本科阶段应"宽口径，厚基础，重临床"；学术学位研究生以提高基础研究能力为主，专业学位研究生重在提高临床实践能力，同时需具备一定的临床科研能力。

当前，高校中医药本科人才的培养模式基本是相似的，如何鼓励特色与创新，避免千篇一律的人才培养模式是中医药高等教育亟须解决的难题。2021年3月25日，习近平总书记在闽江学院考察时对大学专业建设发表了重要讲话，强调要把立德树人作为根本任务，坚持应用技术型办学方向，适应社会需要设置专业、打好基础，培养德智体美劳全面发展的社会主义建设者和接班人。大学的专业布局不是越多越好，不能求全，而是要打造特色和优势学科与专业，以适应社会需要。尤其是中医药教育，特色鲜明，具有一定的师资门槛，专业实践性强，特别需要根据医疗卫生事业的需求来培养中医药人才。2022年4月11日，湖南省中医药工作协调小组印发《湖南省2022年国家中医药综合改革示范区建设工作要点》，强调要进一步深化医教协同，发挥高校在中医药人才培养中的主阵地作用。重点支持省部局共建湖南中医药大学，大力支持湖南中医药高等专科学校内涵建设，支持湖南医药学院、湖南食品药品职业学院等相关院校建设一批高水平中医药专业（群）。在进行专业建设时，要立足湖南省实情与特色，把社会需要融入培养方案中，让中医药教育事业助力湖南中医药强省建设。比如，为确保中医药"三个作用"的充分发挥，需要将中医药知识融入预防医学、临床医学以及健康服务与管理等专业的主干学科体系中，推动跨学科的深度融合，切实为中医药的主导作用、协同作用和核心作用夯实基础、创设前提。

湖南省开办中医类专业的本科院校除湖南中医药大学外，还有湖南医药学院、长沙医学院、吉首大学等院校。各个院校应找到合理、清晰的定位，立足学校实情，优化学科布局，办好优势专业，加强学校内涵建设，提升专业人才培养水平，主要培养岗位胜任力强的中医应用型人才。优化湖南省各高校中医药学科群建设，鼓励湖南中医药大学等院校建设一批具有引领带动作用、在全国范围内有一定影响力的高水平中医药重点学科和中医药类一流本科专业，以点带面，推动其他院校相关专业共同发展，从而整体提升湖南省中医药院校办学水平。

由于中医药的实践性很强，高等教育还要特别重视实践技能的培养。2022 年 4 月，湖南省中医药管理局、湖南省药品监管局、湖南省卫生健康委联合印发的《关于促进湖南省中药产业高质量发展的若干措施》指出，要加强中药技能人才培养，开展中药材种植、中药炮制、中药制剂、中药鉴定等技能竞赛，不断强化技能人才培训。推动建设中药传统技能实训基地和教学实验培训基地，不断强化中药行业高素质技能人才、能工巧匠、大国工匠的培养力度。湖南中医药高等教育需加强中医临床能力培养，鼓励学生"早临床、多临床、反复临床"，强化中医思维培养，建立早跟师、早临床学习制度。应推动高校改革中医药课程设置、教材和教法，建立"早跟师、早临床、多跟师、多临床"的中医药人才培养模式。注重加强中医临床教学能力建设，特别是提升湖南中医药大学第一附属医院、湖南中医药大学第二附属医院、湖南省中西医结合医院、湖南省直中医医院等单位的临床教学能力。加强中医临床师资队伍建设，提升中医住院医师规范化培训基地临床教学能力，打造一批中医药产教融合实训基地和技术技能人才培训基地。坚持以高等院校、医疗机构、科研院所为依托，搭建多层级的中医药传承与创新人才培养平台。

专栏 7-1

"四个协同"的医学院校办学特色

坚持"医药协同"：遵循医学人才既要懂医又要懂药的基本规律，中医学、针灸推拿学等专业建设需要中药学专业的支持，而中药学专业的发展也离不开中医类专业的支持，医类专业与药类专业协同发展。

坚持"医教协同"：通过深化大学与附属医院的协同合作与发展，学校与医院共同培养"双师"队伍，共建共享教学资源，促进学生理论知识与临床能力的协同提高，培养适应社会需要的医学应用型人才。

坚持"中西协同"：坚持遵循我国中西医并重的医疗卫生政策，促进中西医专业协同发展。如临床医学专业通过"1+X"模式、预防医学专业通过"H"思维融入中医知识体系，康复治疗学、健康服务与管理等专业运用中西医协同理念构建培养模式，加强中西医教学、科研平台建设，增强学生中西医协同健康服务意识和能力。

坚持"医文协同"：坚持立德树人，注重医德教育，增加人文社科类课程，思政课程与课程思政同频共振，第一课堂与第二课堂同向同行，培育学生医学人文素养，全面提高学生医者仁心涵养。

二、继续教育是培养中医药人才的重要补充

《"十四五"中医药发展规划》指出，临床、口腔、公共卫生类别医师接受必要的中医药继续教育，综合医院对临床医师开展中医药专业知识轮训，使其具备本科室专业领域的常规中医诊疗能力。在新医科、大健康背景下，"西学中"教育应被赋予新的内涵与使命。"西"的范围不仅仅是指临床医学、预防医学、

健康服务与管理等专业的学生，还包括西医院（综合医院、妇幼保健院、口腔医院等）临床、口腔、公共卫生类别医师以及基层医生。他们继续教育"学中"的目的不仅仅是获得一定的中医临床能力，还包括提高传统文化素养、人文关怀水平、整体思辨能力、中医治未病思维等。中医药蕴含着深刻的人文情怀与丰富的传统文化，对临床医生进行中医教育，不仅是临床医疗实际的需要，更是文化自信的需要，可使他们深切感受大医精诚的中医情怀与灿若星河的中华文化。

目前，西医医护人员使用中成药以及中医适宜技术的情况非常普遍，实际上，大部分中成药是由西医医生开具处方使用。西医医护人员没有系统地学过中医药知识，使得西医医院中成药和中医适宜技术滥用的现象较普遍。目前亟须解决的问题是使西医临床医生和护士经过短时间的培训后掌握一定的中医药基本知识和基本技能。因此，需要构建医院非中医类别人员的"西学中"教育培养模式。培训的教学内容是系统的、有针对性的，让学员系统掌握中医理论，并具备一定的中医临床能力。概括起来主要包括四个方面的内容：讲授中医理论、培养中医思维、培训中医特色技术、传授中医临床经验。

继续教育还包括基层医生的培训。基层医生医疗水平在整个医疗队伍中相对偏低，大部分基层医生都有加强医学基础知识学习和提高临床技能的诉求。基层医生不能获得良好的医学教育资源是导致目前医疗发展不平衡的重要原因之一。根据《湖南省卫生健康委湖南省中医药管理局关于印发中医药服务"基层惠民"行动实施方案（2021—2025 年）的通知》要求，"十四五"期间，基层医疗卫生机构中医药人员每年理论学习不少于 100 学时。"基层惠民"行动实施方案提倡"积极运用互联网技术，开展远程教学和线上培训"。可以围绕基层医疗服务的痛点以及刚需制定远程教学和线上培训知识体系，内容注重中西协同，打通临床各科，构建系统的基层医生的"中西协同"教育培养模式，从而打通健康湖南建设"最后一公里"，使中医药助力乡村振兴战略。

为培养有"温度"的基层健康守护者，扎实推进基层医生继续教育和非中医类别医师系统学习中医药知识与技能，全面强化基层医生队伍建设，提升基层医生医疗服务水平，湖南医药学院特组织成立了基层医生远程教育学院。该学院依托计算机网络信息技术的高速发展，致力于解决广大基层医生"工学矛盾"，在网上构建可视、可听、可互动且不受时空限制的学习环境。以《互联网＋乡村医生培训》系列教材为基础，建立"互联网＋基层医生培训"体系，培养一批业务素质较高、人员结构合理、具有发展潜力的基层医药人才，为进一步解决基层医疗实际需求提供人才支撑和智力储备。

三、师承教育是培养中医药人才的特色方式

《中医药发展战略规划纲要（2016—2030 年）》指出，建立中医药师承教育培养体系，将师承教育全面融入院校教育、毕业后教育和继续教育。鼓励医疗机构发展师承教育，实现师承教育常态化和制度化。建立传统中医师管理制度。加强名老中医药专家传承工作室建设，吸引、鼓励名老中医药专家和长期服务基层的中医药专家通过师承模式培养多层次的中医药骨干人才。《"十四五"中医药发展规划》指出，构建符合中医药特点的人才培养模式，发展中医药师承教育，建立高年资中医医师带徒制度，与职称评审、评优评先等挂钩，持续推进全国名老中医药专家传承工作室、全国基层名老中医药专家传承工作室建设。中医药行政职能部门应在政策上科学细致地部署，在名老中医遴选、师承人员选拔、规范化管理与考评以及师承后职业资格确定等方面做好制度保障。

师承是古代培养中医药人才的主要方式。我国自 1977 年恢复高考以来，高等教育取代师承教育成为中医药人才的主要培养方式。然而，师承教育依然有其独特作用，是高等教育的重要补充。《关于促进湖南省中药产业高质量发展的若干措施》指出，鼓励中药企业和医疗机构建立中药炮制、鉴定技术师承制度，探索建立湖南省中药传统技能特长传承项目和传承人遴选制度。师承教育的最大优势在于跟师者可以快捷地学习名老中医的临床经

验和专长绝技，灵活性较强。

湖南省目前有孙光荣、刘祖贻、熊继柏、潘敏求四位国医大师，可以在院校或中医院专门成立国医大师工作室，以此为平台，系统研究国医大师的学术思想以及临床证治，并且组织培养国医大师学徒，传承国医大师的学术思想和临床经验，提高师承人才的理论水平和服务能力，发扬湖湘中医药文化。

第二节

优化中医药人才
评价体系

人才评价是人才发展体制机制的重要组成部分，是人才资源开发管理和使用的前提。建立科学的人才评价机制，对于树立正确用人导向、激励引导人才职业发展、调动人才创新创业积极性、加快建设人才强省具有重要作用。

一、遵循规律，分类评定

2018 年 6 月，国家中医药管理局发布《中医药传承与创新

"百千万"人才工程（岐黄工程）——国家中医药领军人才支持计划》，通过实施国家中医药领军人才支持计划，探索建立中医药领军人才选拔、培养和使用制度。2022 年 3 月，国务院办公厅印发的《"十四五"中医药发展规划》，实施中医药特色人才培养工程（岐黄工程），打造岐黄学者品牌，持续开展岐黄学者培养、全国中医临床优秀人才研修等项目，做强领军人才、优秀人才、骨干人才梯次衔接的高层次人才队伍。

2021 年 9 月，湖南省卫生健康委、湖南省中医药管理局印发《湖南省中医药"神农人才"工程实施方案（2021—2025 年）》，启动"神农人才"工程第一批中医药领军人才和学科带头人遴选培养工作。2021 年 11 月，湖南省发布《湖南省"十四五"中医药发展规划》，实施中医药"神农人才"工程，打造中部地区中医药人才聚集高地。"

中医药学跟其他学科和专业相比有其特殊性，它具有文化性、经验性和传承性。中医药人才的评价要遵循中医药基本规律，着力解决人才评价中唯学历、唯职称、唯论文等问题。完善人才评价体系，加快建立以创新价值、能力、贡献为导向的人才评价体系，形成并实施有利于科技人才潜心研究和创新的评价体系。

中医药人才评价标准应进行系统科学分类，对不同类型人才不能"一把尺子量到底"，也不能"一顶帽子戴到底"。2018

年 2 月，中共中央办公厅、国务院办公厅印发《关于分类推进人才评价机制改革的指导意见》，提出实行分类评价。以职业属性和岗位要求为基础，健全科学的人才分类评价体系。根据不同职业、不同岗位、不同层次人才特点和职责，坚持共通性与特殊性、水平业绩与发展潜力、定性与定量评价相结合，分类建立健全涵盖品德、知识、能力、业绩和贡献等要素，科学合理、各有侧重的人才评价标准。分类评价对于中医药人才评定有非常重要的作用，它可以使不同类型的人才都有发展的空间。

中医药人才大体可分为四类：临床型、教学型、科研型和服务型。临床型大多在医院，教学型和科研型主要在院校，服务型主要在企业。目前，无论是岐黄学者还是神农学者，都只分临床型和科研型两类进行评定，没有评选教学型领军人才。因此，在进行分类人才评定时可加上"教学型"，根据教师的教学质量、教学比赛获奖、教研论文、教改课题、教学成果奖、课程建设以及学科与专业建设等来进行综合评定，旨在选拔教学能力突出的领军人才。

科学的人才评定制度，对于引领整个事业有重要的促进作用。《湖南省建设国家中医药综合改革示范区实施方案》指出，将中医药人才评选、科学研究、职称晋升等实行单列计划、单独评价。将中医药学才能、医德医风作为中医药人才主要评价标准，将会看病、看好病作为中医医师的主要评价内容。建立健全名中医、基层名中医评选机制。改革完善中医药科技评价体系和激励机制，健全赋予中医药科研机构和人员更大自主权的管理制度。探索推进轮岗制与职称评审相衔接。适当放宽长期服务基层的中医医师职称晋升条件，表彰奖励评优向基层一线和艰苦地区倾斜，引导中医药人才向基层流动。

二、深化改革，鼓励创新

2019年10月25日，习近平总书记对中医药工作作出"传承精华，守正创新"的重要指示。中医药学重视传承，同样重视创新。中医学不是一成不变的，而是革新不绝、演化不断的。中医药学既是传统的，但同样是与时俱进的。传承成就其底蕴深厚，而创新则让其生机无限。由于中医药具有较强传承性，"民间有高手"的情况屡见不鲜。对于掌握中药传统炮制技能、确有专长或临床疗效明显的中医药人才，不能简单用学历、论文和职称来进行评定，要根据实际情况灵活甚至破格评定。因此，需要深化人才评定体制机制改革。

创新型人才是发展湖南中医药事业急需的资源，也是湖南中医药事业发展的短板之一。要着力完善湖南人才发展机制，最大限度支持和鼓励科技人员创新创造。要不拘一格、慧眼识才，放手使用优秀青年中医药人才。湖南要在中医药科技创新方面走在全国前列，必须在创新实践中发现人才、在创新活动中培育人才、在创新事业中凝聚人才，大力培养造就规模宏大、结构合理、素质优良的创新型科技人才队伍。

大学是湖南培养创新性高层次中医药人才的主阵地。目前，医药类研究生的学位类型包括临床型和学术型两种。而在医学实际工作中，岗位主要有临床、教学和科研三大类。因此，中医药人才培养应以需求为导向，根据学生的个人意愿以及能力条件，定向培养三类创新性人才：临床型研究生以跟师学习和临床实践为主；科研型以培养科研能力为主，特别要重视科研动手能力以及分析问题与解决问题能力的培训；教学型在研究生培养阶段即要开始培养教学能力。培养创新型人才，要从医教研三位一体综合发力进行教育改革。

第三节

科学合理构建三级"名中医"制度

"名中医"是湖南中医药人才队伍的引领力量，建立省、市、基层三级名中医人才分级管理、重点培养机制，进一步完善中医药人才队伍建设，是湖南建立人才机制要解决的重大问题。自全省中医药大会以来，湖南提出要聚焦中医药传承创新与中医药人才培养，探索优化符合中医药人才成长规律的培养模式，培养各个层次具有地域特色的"名医"。但是，当前湖南中医药人才队伍尤其是名中医的培养出现了断层现象。部分名老中医相继去世，新一代中医人才西化严重，现有名中医人才数量少，难以满足湖南中医药事业的发展之需。

专栏 7-2

湖南省名中医现状

截至 2023 年 6 月，湖南省现有国医大师 4 名、全国名中医 4 名、全国基层名老中医药专家若干名、省名中医 174 名、省基层名中医 39 名、省农村名中医 79 名。

当前，湖南省名中医在评选、评价、管理、培养等多方面存在一些不合理的状况。一是名中医名称混乱。各地对名中医设置不规范、不统一，不利于名中医的评价及管理，也给社会公众造成了一定的困惑。二是评选制度不完善。湖南省名中医评选，主要采取由省里自上而下选拔的方式，受到诸多因素的限制。特别是分布于县级医院、乡镇医院、体制外的民间中医师，虽然在当地老百姓中的名望高，但由于地域等各种限制，很难有机会参与名中医的评选。三是名中医评价标准不统一。四是名中医管理不合理。一些地区的名中医无专门机构及专门人员进行管理，名中医工作室在运行过程中，遇到问题无法及时反馈及解决，也无法及时监管。五是名中医人才数量不足，分布不均。

因此，建立和完善省、市、基层三级名中医人才培养的科学机制迫在眉睫。要在现有的名中医制度的基础上，通过完善名中医评选、评价、管理、政策支持等多项制度，把一批有深厚中医情怀、中医功底深厚、临床经验丰富、有培养前途的优秀中医人才选拔出来，实施分级管理、重点培养、定期考核。一是完善名中医评选标准。坚持以德才兼备为导向，在省、市、基层区域内定期开展"三不限"的名中医人才培养的遴选考试，摸清中医家底。二是加强对名中医的管理。省、市、基层实行分级管理，完善中医药人才评价和激励机制，激发中医药人才队伍活力，提升中医药人才队伍水平。三是充分发挥名中医的领军作用。名中医是发展中医药事业的主力军，要在工作上、生活上、科研上给予支持。充分发挥名老中医专家的"传、帮、带"作用。每个县要有3~5位县级名中医，以县名中医指导、培养各乡镇的中医。四是设立名中医人才培养基金。五是加强中医药人才引进交流。注重名中医的引进，加强省、市、基层三级医疗机构之间的中医药人才交流，充分发挥各级中医药人才的作用。

第 8 章

彰显特色，大力传承和弘扬湖湘中医药文化

只有全面深入了解中华文明的历史，才能更有效地推动中华优秀传统文化创造性转化、创新性发展，更有力地推进中国特色社会主义文化建设，建设中华民族现代文明。

——2023 年 6 月 2 日，习近平在文化传承发展座谈会上的讲话

中医药文化是中华优秀传统文化的重要组成部分。中医药文化蕴含的精神价值、思维方式和文化底蕴，是我国各族人民在生产生活中劳动与智慧的伟大结晶。湖南是我国中医药文化的重要发祥地之一，为我国中医药学的薪火相传作出了卓越的贡献。当前，在国家高度重视传统文化和中医药事业发展的大背景下，作为中医药文化重要组成部分的湖湘中医药文化，迎来了天时、地利、人和的大好发展时机。我们应趁势而上，应进一步彰显湖湘中医药文化地域特色，大力加强湖湘中医药文化挖掘、传承和弘扬。

第一节

加强湖湘中医药文化研究整理

湖湘中医药文化源远流长，最早可追溯至西汉马王堆的医书，一千多年以来，湖南名儒名医辈出，形成了"医德为先，心忧天下""思变求新，敢为人先""执中致和，道法自然"以及"兼容并举，中西汇通"等精神特质，书写了湖湘中医药文化的历史华章。

当前，湖湘中医药事业的发展取得了长足进步，无论是人才培养、资金投入、中医院建设、名医打造，还是中医特色内涵构建等方面，均达到了历史新高。但不可否认的是，相比较而言，湖湘中医药的发展速度相对滞后，在全国的影响力不大，湖湘中医药文化的传承和传播面临严峻挑战，亟须进一步加强研究保护和传承推介。

一、厘清湖湘中医药文化传承发展脉络

早在"九五"期间，湖南就启动了湖湘中医药古籍整理项目，组织出版了大型中医药古籍丛书《湖湘名医典籍精华》等。当前系统整理湖湘中医药典籍，要从以下两方面着手，扎扎实实地展开研究：一是要加强学术资源库建设，重点是构建湖湘中医药古籍数据库，运用现代科技手段加强古籍典藏的保护修复和综合利用，搜集、挖掘、整理、研究现存的、散佚的中医药古代和近现代的学术经验，更好地发挥学术文献信息传播、搜集、整合、编辑、拓展、共享功能，打造具有湖湘特色、中国一流的学术资源信息平台。二是加强湖湘中医药古文献数字化，使之广泛服务于湖湘中医药文献研究、教学、临床、科研与开发。

在此基础上，系统梳理湖湘中医药发展源流与脉络，厘清湖湘中医药文化资源现状。注重保护湖湘少数民族地区医药技术资源，开发新药品和新产品，对具有较好商业价值的民族医药实行专利保护。成立传承工作室，加强民族医学教育与医学人才培养，将民族传统医药知识作为特色教学内容引入课堂。挖掘民族医药骨伤技术、小儿推拿等特色诊疗方法，积极申报非物质文化遗产项目。积极开展湖南省传统医药非物质文化遗产相关研究（如浏阳江氏正骨、郴州陈氏蜂疗、岳阳张氏正骨等），力争有一批中医药传统文化和诊疗方法入选国家级非物质文化遗产名录，形成若干个具有湖湘特色的中医药文化研究成果。

二、深化湖湘中医药文化内涵价值研究

深化湖湘中医药文化内涵价值研究，首先是要通过深入挖掘湖湘中医药古籍蕴含的哲学思想、人文精神、价值理念、道德规范，系统梳理并总结湖湘中医药健康养生理论、方法和经验，探寻普遍规律与特色经验。同时，要深挖湖湘中医药文化精神特质与核心价值，为现代养生提供历史借鉴与依据，以不断增进全行业、全社会对中医药核心理念的共识。在此基础上，推出一批具有湖湘中医药特色和浓厚底蕴的中医药典故和名家故事。包括炎帝神农氏医学文化研究、近现代湖湘代表性医家学术思想研究、湘西民族医药文化研究以及湖湘中医药文化资源开发保护及产业

转化研究。

其次，要进一步加强湖湘中医药文化的当代研究和时代阐释。尤其是要围绕新中国成立以来国家中医药政策与管理领域的重大问题，加强新中国成立以来中医药政策的沿革、新时代党和政府的中医药发展战略、中医药管理体制机制改革等方面的研究，要加强党的领导人关于中医药发展的基本思想的研究，重点围绕毛泽东的中医药思想、习近平关于中医药的系列重要论述开展系列研究。要紧紧围绕中医药文化的时代内涵解读、健康中国建设战略、中医药融入"一带一路"、中医药文化的创造性转化和创新性发展、亚健康与治未病、中医医德伦理、中医药抗疫等热点问题，开展系统而深入的研究。要从思维层面、理念层面和行为层面对中医药文化的创造性转化与创新性发展问题进行研究。在中医药管理体制机制方面，要围绕新医改政策、健康公平、中医药政策法规、中医药智库建设等进行研究和社会服务工作，力争产生一批有益的决策咨询成果，为湖南省医疗卫生改革和中医药事业发展作出贡献。

三、探索湖湘中医药文化传承传播路径

中华优秀传统文化是中华民族的精神命脉，需要薪火相传、代代守护。中医药文化是中华优秀传统文化的重要组成部分，为中华民族繁衍生息作出了巨大贡献，对世界文明进步产生了积极

影响。《中共中央 国务院关于促进中医药传承创新发展的意见》明确指出，要实施中医药文化传播行动，把中医药文化贯穿国民教育始终，中小学进一步丰富中医药文化教育，使中医药成为群众促进健康的文化自觉。

传承创新发展湖湘中医药文化，一是要传承精华，守正创新，推动湖湘中医药文化赓续发展。传承精华、守正创新，是习近平总书记对中医药工作作出的重要指示。传承湖湘中医药文化精华，重点要深入挖掘湖湘中医药文化精髓，提炼湖湘中医药文化精神标识。深刻认识传承发展中医药文化的重大意义，转化为弘扬中华优秀传统文化、推动中医药传承创新发展的自觉实践。

二是要坚持因时而新、因势而化，大力弘扬湖湘中医药文化。中医药"文化弘扬"工程是中华优秀传统文化传承发展工程"十四五"重点项目之一。要以实施中医药"文化弘扬"工程为统揽，聚焦推动中医药文化创造性转化、创新性发展，让中医药成为群众促进健康的文化自觉，推动在全社会形成保护、传播、弘扬中医药的良好局面。一方面，要积极推进湖湘中医药文化传播行动。通过举办一批群众性活动，打造一批传播平台，推出一批精品力作，推动中医药文化贯穿国民教育等，让中医药文化更深度地融入群众生产生活。建设湖南省中医药博物馆，使之成为宣传展示中医药文化内涵及发展历程的重要窗口。另一方面，要积极实施湖湘中医药文化海外传播行动。利用中医药海外中心、孔子学院和海外中国文化中心等平台，开展形式多样的中医药文化传播活动。

湖南中医药文化宣传教育基地建设

近年来，湖南着力建设了一批中医药文化宣传教育基地。2017 年 8 月建设成立的九芝堂中医药博物馆，展厅面积 1200 平方米，馆内详细介绍了中医药起源与发展、中医药资源与分布、中药材分类和道地药材、中药炮制与调理、国家级非物质文化遗产保护名录"九芝堂传统中药文化"以及湖湘中医药文化的历史渊源等。馆内陈列有中药标本近 1000 种，其中含珍稀贵重药材近 100 种，为百姓传播中药知识，指导合理用药。该馆是国家首批中医药健康旅游示范基地、湖南省中医药文化宣传教育基地、长沙市专业科普教育基地。

第二节

打造湖湘中医药文化地标

文化地标是一个地方的文化名片。作为一种符号化呈现，文化地标或深植于历史文化，或投射着时代风貌，以鲜明独特的符号形象，成为一个地方、一个城市的精神和文化象征。《湖南省中医药"文化弘扬"工程实施方案（2021—2025 年）》明确指出：推广中医药文化标识，打造长沙马王堆、株洲炎帝陵、长沙仲景祠、娄底药王殿、郴州橘井泉、湘西老司城等一批湖湘中医药文化地标并加以推广。

一、擦亮"马王堆医学文化"金字招牌

"北有兵马俑，南有马王堆"，充分彰显出马王堆汉墓的重大文化价值。马王堆三号汉墓出土的《足臂十一脉灸经》《脉法》《五十二病方》《导引图》《却谷食气》《十问》《合阴阳》《天下至道谈》《养生方》《胎产书》等 14 种古医书，从医药、饮食、房事、导引、起居、养生、情志、灸疗等各个方面，详细记载了我国先秦两汉时期的治疗保健原则和方法。这些医书与墓中出土的其他和医学相关的中药、器具等，构成了马王堆医学文

化光彩夺目的华章。

作为湖湘中医药文化的重要组成部分和典型代表，马王堆医学文化具备地域特色显著、民生内涵深厚、人文色彩鲜明等显性特征，蕴含注重生命、注重民生、注重实用、注重生态四大价值取向，保持着与时俱进、兼容并蓄的开放品质，是地域中医药文化的典型代表和资源宝库。无论是在湖湘文化遗产、中医医史文献、中医药文化及其传播，还是在国际跨文化传播等领域，马王堆医学文化均以其鲜明的湖湘地域文化特征而彰显出独特魅力。

当前，在湖南省实现"三高四新"美好蓝图和实施《健康湖南"十四五"建设规划》的新的历史时期，如何擦亮"马王堆医学文化"这张世界中医药文化名片，使之在建设国家中医药综合改革示范区中发挥更大作用，意义重大、影响深远。

其一，加强马王堆医学基础研究，夯实马王堆医学"金字招牌"理论基础。

马王堆医学源远流长、博大精深。马王堆医学文化产生于先秦两汉时期，其出土医书成书年代早于《黄帝内经》，被视为中医药学尤其是中医养生学思想的源头活水。在马王堆医书被发掘后，曾于20世纪八九十年代兴起了一股研究热潮，取得了一定的研究成果。但是，纵观近年来关于马王堆医学的研究成果可以发现，一是数量不多，二是未取得较大的理论发现。可以说，马王堆医学的学术魅力和应用价值并未真正被挖掘出来，马王堆医学研究仍然任重道远。尤其是随着老一批研究人员陆续退休，这项重要研究逐渐出现断层，大量工作急需新一代学者完成。当务之急是要统筹规划，整合高校、企业、医院、社会等各方资源，成立专门的马王堆医学研究院集中进行马王堆医学的研究，加大马王堆医学的研究力度。

在开展马王堆医学研究时，应坚持虚拟与现实结合、科技与人文结合、线上与线下结合、海内与海外结合、产学研结合、理论与实践结合、传承与创新结合。一是要从理念层面挖掘马王堆医学"聚精、养气、存神"的治未病理念对当代亚健康人群养生保健的指导价值。二是要从内容层面深入探讨马王堆医学治未病思想内涵，探讨其与当代中医亚健康学理念的结合等。三是要从方法层面系统整理马王堆医学治未病思想所蕴含的具体方法和技能。通过深入挖掘马王堆医学中蕴藏的学术价值和应用价值，让古老的医学文化以新姿态展现出来。同时，要注重将马王堆医学与湖湘文化融合，把马王堆医学文化与神农尝百草、药王孙思邈龙山采药、苏耽橘井泉香、医圣张仲景长沙坐堂等湖湘中医药文化相结合，凸显湖湘中医药文化的重要地位。

其二，建设以"马王堆"为公共品牌的湖南中医药千亿产业集群。

马王堆医学具有较大的产业价值，如何形成以马王堆医学为核心的湖湘中医药产业集群，是目前马王堆医学研究的关键。未来打造以"马王堆"为公共品牌的湖南中医药千亿产业集群，一是利用湖南地产药材优势，打造"马王堆"公共品牌，不断促进湖南中医药产业的发展。二是加大中药科研投入，重点对马王堆汉墓中的医籍方药进行研究，开发和培养更多诸如"古汉养生精"系列的药品和养生保健产品。三是设立马王堆中药工业产业园，依托园区政策倾斜和影响力，引进省内外中药生产企业，逐步形成湖南中医药产业集群。

二、打造长沙仲景祠新文化地标

张仲景，东汉末年著名医学家，河南南阳人，曾任长沙太守。张仲景任长沙太守期间，于每月初一、十五大开府门开展义务行医，由此留下了"坐堂行医"的典故和"悬壶济世"的佳话。湖南中医药大学第二附属医院（又名湖南省中医院，前身是1934年创建的湘省国医院）院区所在地即是张仲景坐堂行医、济世利人的祠堂旧址，有"湖湘中医发祥地""医圣故址"的誉称。

近年来，湖南省中医院继承和发扬医圣仲景的济世信念，将每月1日和15日定为"仲景日"，开放全院义诊；树立全员中医药文化传播理念，将仲景精神融入医院核心价值观。传承和弘扬湖湘中医药文化，应着力打造仲景祠这一湖湘中医药文化新地标。

张仲景一生勤求古训，博采众方，被历代后学尊为"医圣"，留下的不朽名著《伤寒杂病论》被无数医家奉为"方书之祖"，是我国最早的临床诊疗专书，为中医临床各科提供了论治的规范，奠定了中医学辨证论治的方法论基础，系中医学的核心经典之作，对推动后世医学的发展起到了巨大作用。2021 年 5 月，习近平总书记莅临河南南阳调研，其间专门到张仲景纪念地医圣祠了解张仲景生平及其医学成就，了解中医药在防治新冠肺炎疫情中发挥的重要作用。

张仲景的一生，更凸显了其悬壶济世的仁爱之心和普救天下疾苦的医德。时至今日，仲景学术思想及其经典著作仍盛行于日本等国，书中所列举的经典名方，为日、韩等多国推崇应用。具有国际影响力的仲景文化，其理、法、方、药一直指导着中医的临床实践，历代研习者不计其数，至今依然是"道经千载更光辉"，成为祖国医学宝库中的闪亮明珠。而仲景精神，包括人命至贵、医药为务，感丧奋进、图强救夭，勤求古训、博采众方，观其脉证、随证治之，省疾严谨、临证审慎等，正是其甘于奉献、大爱无疆，传承精华、守正创新，客观唯实、科学求是，笃修医德、秉行仁术的价值追求体现。当代湖湘中医人唯有继承这些精神并在事业发展中一以贯之，才能真正擦亮湖湘中医药这块金字招牌。

张仲景的精神与风范已经深刻地影响湖湘热土，潜移默化中，湖湘大地的人文精神、医学价值、文化底蕴、思维品性也已经深刻地烙印上了仲景精神。仲景精神当中的"医德为先，心忧天下""思变求新，敢为人先""执中致和，道法自然"及"兼容并举，中西汇通"等精神特质，则是湖湘中医药文化的精髓，是湖湘中医药人的精神寄托，是湖湘中医药延续和发展的根本所在。湖南实施中医药强省战略，弘扬湖湘中医药文化，就是要把优秀文化所蕴含的思想观念、人文精神和道德规范等都挖掘出来，用优秀的仲景精神滋润广大人民群众的精神生活，推动中医药强省工作走深走实，上接天线，下接地气，守好中医药强省的"魂"。

第三节

推动湖湘中医药文化
创造性转化与创新性发展

2016 年 8 月 19 日，习近平总书记在全国卫生与健康大会上的讲话中强调："要着力推动中医药振兴发展，坚持中西医并重，推动中医药和西医药相互补充、协调发展，努力实现中医药健康养生文化的创造性转化、创新性发展。"同年 10 月，中共中央、国务院发布《"健康中国 2030"规划纲要》，明确指出要"加强中医药非物质文化遗产的保护和传承运用，实现中医药健康养生文化创造性转化、创新性发展"。

湖湘中医药文化不仅沉淀着中华民族追求健康的价值取向，而且蕴含着独特的生命观、健康观和丰富的方法手段。2021 年，湖南省出台《健康湖南"十四五"建设规划》，明确提出要"持续推动中医药健康养生文化创造性转化、创新性发展"。

推动湖湘中医药文化"两创"，就是要按照时代特点和要求，对湖湘中医药文化中至今仍有借鉴价值的内涵进行挖掘整理、对其陈旧的表现形式加以改造，赋予其新的时代内涵和现代表达形式，不断激活其生命力。

一是要传承精华，深挖精髓。要按照习近平总书记关于"让收藏在博物馆里的文物、陈列在广阔大地上的遗产、书写在古籍里的文字都活起来"的重要指示，重点对湖南省博物院及各级各类档案馆、图书馆的馆藏典籍文献海量归类、优中取精，激活蕴藏其中的学术思想、人文精神、健康理念和实践经验，使封存的古方变今方、死方变活方、无用方变有用方。

二是要融合发展，推陈出新。要积极寻求湖湘中医药文化与市场经济的新结合点，在内容上、手段上、方法上、渠道上大力创新，挖掘湖湘中医药文化在医疗卫生、养生保健、文化创意和文化旅游等各方面的潜在价值，包括推动湖湘中医药文化"＋互联网""＋旅游""＋康养""＋文创"等相关类型的跨界融合，打造马王堆中医药特色园区、文创街区、旅游度假区等发展前景广阔的项目；利用湖湘中医药文化现象、人文自然景观以及非物质文化遗产，促成"马王堆汉墓—炎帝陵—仲景祠—药王庙—苏仙岭"精品旅游线路的开发；不断促进湖湘中医药文化科技创新和产业创新，实现培育新业态、塑造新格局的长远目标等。

三是要多维结合，共促共进。要推动湖湘中医药文化走"产—学—研—医—文化结合"发展道路。首先，医疗实践是中医药事业发展的中心环节。要促进湖湘中医药文化的创新发展，必须建立和发展一批知名医院和知名专科。要重点突出，优化资源配置，构建不同层次的中医药服务体系。重点扶持建设一批现代化综合性中医医院、中西医结合医院和重点专科医院，培育出一批中医优势明显，独具特色，人才、疗效、管理、服务、设施一流的全国"名院""名科"，努力将中医服务能力提到一个新的水平。在建设过程中，要加强中医医院中医药文化建设，研究制定中医医院中医药文化建设指南，推广统一的中医药文化建设标准，引导全省中医医院在培育医院价值观念体系、完善医院行为规范体系、优化医院环境形象体系等工作中充分体现中医药文化，并将其纳入中医医院等级评审具体内容。此外，推动湖湘中医药文化大发展，还要注重探索"产—学—研—医—文化结合"之路，使科研成果、文化繁荣最终转化为现实生产力，为湖湘经济发展和和谐社会构建作出贡献。要坚持把建立产学研相结合的技术创新体系作为推进中国特色国家创新体系建设的突破口。湖南在中医药产学研结合实践上，已经有过诸多成功经验，如肝复乐、古汉养生精、妇科千金片等，特别是由湖南中医药大学研发的中药超微饮片，创造了年销售近亿元的产值，荣获 2009 年国家科技进步二等奖，填补了湖南省自中华人民共和国成立 60 年以来中医药界在国家科技进步奖奖项上的空白，实现了零的突破，展示了中药湘军的实力，是"产—学—研—医—文化结合"的一个典范。未来创新湖湘中医药"产—学—研—医—文化结合"之路，应当认真总结经验，结合跨学科优势，构建涵盖湖湘中医药文化传承、人才培养、科学研究、标准建设、成果转化、国际合作、政策法规以及湖湘医学知识库的信息服务体系。进一步促进中医药与文化产业融合发展，引导支持中医药题材文艺创作，丰富中医药文化精品和优质服务供给。同时，还可以结合各区域地方特色，如芷江甜茶，开发和打造湖湘中医药文化产品。通过积极探索，不断创新湖湘中医药"产—学—研—医—文化结合"之路。

四是要拓宽视野，走向世界。要坚持以媒体为中介，创新湖湘中医药文化传承与传播方式途径，彰显品牌影响力。重点是创新使用媒联体，以普及一种消费文化或推行一种购买文化哲学的方式传播湖湘中医药文化品牌。首先是要坚持线上与线下相结合，在线上建立马王堆中医药网站，或通过网络、电视等媒体，大力宣传扩大马王堆医药品牌的影响力和知名度。其次是坚持海内与海外相结合，加大外译投入，翻译马王堆医学文化相关著作，促进跨文化传播，使马王堆医学文化成为中医著名国际符号，将作为中华优秀传统文化标识的马王堆养生文化打造成最亮丽的"中国名片"。

第 9 章

拓展领域，有效促进中医药国际化发展

传统医药是优秀传统文化的重要载体，在促进文明互鉴、维护人民健康等方面发挥着重要作用。中医药是其中的杰出代表，以其在疾病预防、治疗、康复等方面的独特优势受到许多国家民众广泛认可。

——2017 年 7 月 6 日，习近平总书记致 2017 年金砖国家卫生部长会暨传统医药高级别会议的贺信近年来中医药在海外发展迅速，据国家卫生健康委统计，截至 2022 年 9 月 24 日，中医药已传播至 196 个国家和地区，中国与 40 余个外国政府、地区主管机构和国际组织签订了专门的中医药合作协议，开展了 30 个较高质量的中医药海外中心建设工作。湖南是中医药产业和旅游产业大省，资源丰富，基础扎实，应当顺势而为，充分发挥中医药在卫生资源、经济资源、科技资源、文化资源和生态资源上的特色优势，依托自身特色与各国开展交流合作，有效提升现有中医药涉外医疗水平、产业水平、文化传播能力、国际教育水平，推进中医药高质量融入共建"一带一路"进程，为推动构建人类卫生健康共同体和人类命运共同体贡献更多力量。

推动湖湘中医药文教事业
国际化发展

中医药国际化发展，疗效是根本，产品是腿脚，文化是翅膀。充分发展湖南中医药涉外医疗服务，不断增强中医药产品在海外市场的影响力，需要文化先行。当前，应立足底蕴深厚、源远流长的湖湘中医药文化资源优势，深入提炼文化元素，做精做大文化品牌，建立健全立体传播体系。尤其要聚焦"一带一路"沿线各国和地区的健康、教育诉求，着力推动湖湘中医药文教事业的国际化发展，提升国际认可度，凸显中医药文化的规范导向作用和同化功能，提升教育输出质量效果。

一、利用湖南传媒优势，推进湖湘中医药文化国际传播

推动中医药文化国际传播是一个系统工程。应运用"中医 +"思维，发挥多学科（如传播学和传媒学、人类学、国际公关学、营销和管理学等）特长，多领域创新合作，分析关键问题，明确主攻方向，创造性地制定发展路线图，有计划、有步骤地逐步推进海外传播。湖南传媒具有国内领先优势，中医药国际传播可充

分整合资源，发挥协同创新优势，逐渐产生国际影响力。

第一，建立一个对外官方网站。建立"湖湘中医药文化"官方网站（英文），发挥行业引领、文化传播、专业科普的作用，展现湖湘中医药文化和资源，并链接省内各地涉外中医医疗服务、医疗旅游、品牌产品等网点（各涉外单位做好各自官网的英文版面），提供中医药特色病种服务、名医名家、道地药材等搜索功能，打通线上线下空间。

第二，培养一批涉外传媒人员。集全省资源，培养一批中医药跨文化传播专业传播、传媒人员，助力省内中医药涉外单位和从业人员、海外中医药中心、海外中医药从业人员和华人华侨，长期有计划地进行湖湘中医药文化的跨文化传播和跨文化交际活动。

第三，开发一系列对外科普传播作品。有效整合资源，高质量地制作一批科普性的影视作品、短视频、出版物（尤其是儿童科普读物），介绍湖湘中医药，嵌入对外官方网站，并长期反复投放海外大众传媒和社交平台。鼓励有跨文化交际能力的中医药人员投入自媒体，积极合规地开展传播活动。

二、突出合作办学特色，提升湖南中医药国际教育质量

近年来，湖南省积极促进中医药教育国际化，以湖南中医药大学及其附属医院、湖南省中医药研究院等高等院校、科研机构

为主体，在开展留学生教育、设立境外教育机构、搭建高层次海外平台和中外合作办学方面均取得了一定的成效。其中，湖南中医药大学、湖南省中医药研究院招收的境外学历教育学生来自韩国、日本、印度、巴基斯坦、马来西亚、新加坡等 20 多个国家和地区。湖南中医药大学与马来西亚林肯大学合作开展了湖南省首个境外合作办学项目；与韩国圆光大学共建了全球首家研究型中医孔子学院；与巴基斯坦卡拉奇大学共建"中 – 巴中医药民族医药研究中心"，与卢森堡合作建立了"中 – 卢中医药合作研究中心"，在俄罗斯喀山、阿联酋迪拜建立了中医医疗中心，与香港东华三院、香港中文大学、香港浸会大学、香港大学合作建立了多所中医医疗中心及研究中心；与美国、加拿大、新加坡、日本、澳大利亚、新西兰、英国等 20 多个国家和地区建立了长期交流合作关系。湖南中医药大学作为全国首批招收外国留学生及港澳台学生的高校，国际合作领域不断拓展，国际影响力日益提升，已成为教育部重点对港交流高校、国台办重点对台交流高校、湖南省对台工作先进单位。

虽然湖南省在中医药国际教育方面有较深厚的基础，但相对而言其国际化教育品牌优势并不明显。因此，湖南省可从以下方面打造特色、提升质量、扩大影响力。

第一，适应需求，开展多元化特色办学。湖南可扩大非学历教育项目，针对海外留学生的需求，瞄准国际市场需求，逐步形成中医、针灸、推拿、康复、药膳等多专业细分项目，突出临床培训特色，定位清晰，模式多元，完善短期访学教育体系，做到培训课程设置灵活开放，吸引更多海外学者来学校进修学习。除高校师资外，充分调动各级中医院和中医相关机构具有中医药跨文化交际能力的人才资源，整合湖南中医药文化旅游资源，发挥地域优势，在监管下多点开展临床见习实习、师带徒、游学等小班化、个体化、特色化教学。

第二，加大有效宣传，扩大生源。湖南中医药大学、湖南省中医药研究院等主力机构需增加官方网站英文版的内容，在前述"湖湘中医药文化"官方网站英文版中专设教育网页，以清晰呈现湖南中医药国际教学资源，并加强网页的招生服务功能；官方和主力机构可在海外大众传媒和社交平台设置官方账号，并鼓励有跨文化传播能力的教学机构和个人打造自媒体账号，加大宣传力度，提高传播效果。

第三，提升课程质量和文化体验，着力于文化认同。认同中医药文化的留学生回国后往往成为口碑传播的重要"种子"。湖南省在打造涉外教育的影响力时，应着力于提升留学生的文化认同。涉外教学机构应充分考虑留学生的具体情况，对课程体系进行适当调整，对不适用于他们的教学内容进行删减。同时，增强中医药专业的执业医师考试课程及中国传统文化课程（如书法、国画、文化旅游等体验项目）、中医养生保健等特色课程（如导引术、八段锦等传统体育）的课时比重。课程设置以实用性为主，将中国文化融入教学、课外活动，增强文化体验，让留学生切实感受到中医药文化、中国文化的实用性和魅力，以利于培养具有文化认同的海外中医应用型人才。

第二节

提升湖南中医药
涉外医疗服务效能

2021 年 9 月，《湖南省中医药"海外传播"行动实施方案（2021—2025 年）》发布，为提升湖南中医药涉外医疗服务效能指明了方向。其中要求，到 2025 年，湖南拟创建 2~3 家海外中医药中心、6~8 个海外中医医疗保健机构、1 个国内中医药国际合作基地、1 家国家中医药服务出口基地，5~7 个中药产品在海外注册上市，中医药对外贸易额达 400 亿元。方案指出，实施海外中医药医疗服务项目，要办好湖南中医药大学第一附属医院迪拜分院、中国－巴基斯坦中医药合作中心、中国－德国中医药中心、中国－柬埔寨中医药中心等海外中医药机构，结合不同国家的常见病、多发病、慢性病，创新传统医学和现代医学相结合的诊疗模式，提供中医医疗和养生保健服务，推动中医药融入相关国家卫生和医疗保障体系。

在大力发展涉外医疗的同时，湖南省也在逐步提升涉外中医药医疗服务质量和水平。但是，目前湖南省的中医药涉外医疗服务体系建设尚处于初级阶段，涉外医疗服务质量及水平参差不齐。因此，树立湖南省中医药涉外服务典型，以点带面、稳步提升湖南省的中医药涉外医疗质量，充分整合中医药资源和文化旅游资源，大力提高中医药涉外医疗品牌建设，对于推动湖南省融入中医药"一带一路"建设、构建中医药强省建设意义深远。

一、树立中医药涉外医疗服务标杆，提升服务能力

湖南中医药大学第一附属医院是湖南省首家三级甲等中医医院，自 20 世纪 80 年代起就开展了中医药国际合作与交流工作，积累了多年中医药涉外诊疗服务经验。新冠肺炎疫情全球蔓延期间，医院国际医疗部为 20 多个国家的外籍人士及境外华人提供了远程医疗服务、心理疏导、答疑、科普及防疫指导。2022 年 9 月，医院成功入选国家中医服务出口基地。这是对湖南中医药的充分肯定，为湖南省中医药的涉外医疗发展树立了标杆。因此，要以此为契机，通过树典型、积经验、重宣传、多推广，切实提高湖南省中医药涉外服务质量，扩大服务规模。

第一，协调整合全省优质资源，引导和推动相关医院涉外服务的优化发展。提供良好的政策环境，协助医院与海外相关国家和地区建立更多联系，展开涉外医疗服务。鼓励医院和高等院

校、科研院所、企业等合作，开展提升湖南中医药涉外医疗服务质量、管理水平和传播力度的深度研究和专项培训，打造"产—学—研—医"的良性循环。

第二，打造特色病种诊疗服务，优化中医药涉外服务模式。以建设国家中医药服务出口基地为契机，结合后疫情时代特点，以特色优势病种诊疗为招牌，不断总结经验，创新集疾病治疗、康复养生、预防保健、文化旅游于一体的服务模式，让湖南中医药能够真正"走出去""引进来"，有效提升湖湘中医药涉外服务品牌的国际影响力和市场认可度。

第三，加大宣传力度，发挥标杆的示范引领作用。多形式、多层次、多平台宣传先进模式、经验做法；充分发挥典型的示范引领作用，鼓励各级中医院及相关单位学标杆、赶标杆、创标杆，以点带面，大力提升湖南中医药涉外医疗的服务规模，充分挖掘湖南省作为中医药强省的涉外医疗服务潜力。

二、打造中医药涉外医疗旅游品牌，创新特色医疗

"十三五"期间，湖南省获批 3 个国家级中医药健康旅游示范基地，5 个国家级、22 个省级森林康养基地，中医药涉外医疗旅游产业具有丰富资源和良好基础。为进一步推动产业化、品牌化发展，政府需要宏观部署，整合资源，运用"中医＋"思维，有计划、有步骤地逐步打造具有湖湘特色的中医药医疗旅游系列

品牌。

第一，充分整合湖南省中医药文化旅游资源，做好产业布局。政府主管部门应当做好顶层设计，将特色中医药医疗旅游产业作为一个系统工程来运行。进一步明确湖南省中医药文化旅游资源的优势和特色，整合现有涉外中医药服务能力，统筹规划，制定政策和总体思路。完善与中医药医疗旅游产业相关的规范建设，出台和完善相关配套政策和实施细则，切实覆盖中医药涉外医疗旅游的外事管理、质量评估、质量保障等方方面面，明确责任，确保经费投入合理、及时。强化中医药涉外医疗旅游服务人才队伍建设，选拔、培养一批中医药专业功底深厚、语言水平过关的优秀复合型人才，提高中医药涉外医疗旅游服务的质量和能力。

第二，充分发挥"中医＋"思维，促进产业链条集群发展。根据《湖南省"十四五"中医药发展规划》，结合中医药多业态趋势，运用多学科、多渠道、多方法，打造"大健康企业＋大健康基地＋大健康产品＋大健康服务＋大健康旅游"的全链条健康旅游产业发展新模式，促进湖南省中医药涉外医疗旅游产业链条集群的创新发展。依托株洲炎陵神农中医药文化纪念馆、龙山华夏中药文化园、湖南省博物馆马王堆汉墓陈列馆中医药专馆、湖南省中医药博物馆等机构平台以及张家界、湘西、郴州、娄底、岳阳等地旅游资源，构建具有湖南特色的"马王堆汉墓—湖南省中医药博物馆—炎帝陵—仲景祠—药王庙"湖湘中医药文化精品旅游＋医疗服务产业链，提升品牌核心竞争力。推动"种植—加工—

仓储—物流—医疗—旅游—教育—传播"等为一体的湖南省中医药全产业链，促进各主体、各部门、各环节的深度融合。依托大数据、人工智能，发挥立体传播优势，促进湖南省中医药涉外医疗旅游产业链的有效拓展。遵循传播的分众化原则，根据不同国家、不同地区的常见病种、文化习惯，对湖南省中医药涉外医疗旅游进行多样化传播。

第三，由点带面，逐步打造特色中医药医疗旅游产业。在已有的湖南省特色中医药医疗旅游产业的基础之上，结合地理位置、交通环境、经济水平、教育水平、旅游特色、中医药涉外服务水平、中医药特色等条件，选定一批适合开展中医药涉外医疗旅游的基地。通过重点打造、由点带面，加快湖南省中医药对外医疗旅游产业的规模化、产业化发展。以"一带一路"沿线、中医药文化认可程度较高、与湖南省友好往来的国家和地区为主要服务对象，满足当今海外人士对中医药医疗康复、养生保健、文化旅游的更新更高的精神和物质文化消费需求。

专栏 9-1

湖南省中医药医疗旅游的样本——中方纯中医医院

中方纯中医医院原名中方红十字国际医院，位于怀化市中方县，是湖南省人民政府授予的"湖南省中医文化对外交流基地"。自2000年成立以来，该院已为百余个国家超过4万名国际患者提供中医诊疗服务（含线上）。除交通优势和政府免税扶持外，其经营模式和特点可为湖南省打造中医药涉外医疗旅游产业提供一定参考。

一是"纯中医药＋旅游＋教育培训"融合服务模式。该院为国际病人提供纯中医诊疗和生态园林住家服务，并且定期由翻译团队带领病人游览周边特色景点。出色的疗效和服务使海外病人慕名而来。同时，该院还开展纯英文教学的中医培训。二是高水平的跨文化交流。该院不仅拥有具备纯英文交流能力的医务人员，并且配备一支具有中西医知识和语言能力的翻译（兼生活助理）队伍。三是多模态的宣传模式。2000年，院长朱明英译《黄帝内经》发行到世界各地，为该院迈向国际医疗市场奠定了基础。该院早年通过建立全英文网站进行宣传，近年积极运用各种自媒体平台对医院和中医药进行国内外推广，传播效果良好。

第三节

释放湖南中医药产品
国际市场潜力

2021 年 12 月，国家中医药管理局和推进"一带一路"建设工作领导小组办公室联合发布《推进中医药高质量融入共建"一带一路"发展规划 (2021—2025 年)》（以下简称《规划》），要求各地区深化国际贸易合作，着力培育中医药发展新优势，加快培育我国中医药国际化企业和国际知名品牌。

湖南作为中医药资源大省，中医药产品品种齐全，知名品牌不少。近年来，一些有代表性的湖南中医药企业积极尝试拓展国际市场、打造国际化品牌，着力融入"一带一路"建设大格局。比如，湖南安邦制药股份有限公司主导产品银黄清肺胶囊在 2019 年成功进入巴基斯坦，是中国第一个进入巴基斯坦的中成药。2021 年，该公司又收到由津巴布韦药品管理局核准签发的银黄清肺胶囊补充药物注册批准文件，该药由此成为湖南省首个在非洲注册成功的中成药。湖南新汇制药有限公司于 2019 年 5 月在巴基斯坦与卡拉奇大学国际化学与生物科学研究中心就猴头健胃灵药物临床研究达成共识，推动猴头健胃灵在巴基斯坦进行临床试验及市场推广，促进猴头健胃灵走上国际市场。

但是，目前湖南中医药产业的总体实力及竞争力还不强，中医药企业的创新、创造活力尚有不足，中医药产品品牌在国际上也尚未形成特色优势。因此，大力促进湖南中医药国际产品品牌建设，全面激发和释放湖南中医药产品国际市场潜力，是湖南省推动中医药融入"一带一路"建设，建设中医药强省的重要一环。

一、积极参与全球市场，开发湖南中医药国际产品

湖南省中医药文化历史悠久，中医药资源丰富。据统计，目前湖南省的中药材品种数已达 2384 种，占全国总品种数的 18.7%，其中国家重点品种 241 个，居全国第二，茯苓、玉竹、百合、黄精等在全国享有盛名。湖南省不仅中药材品种多、产量高，而且道地药材质优效佳。2022 年 6 月 8 日，湖南省中医药管理局、湖南省药品监督管理局、湖南省农业农村厅、湖南省卫生健康委员会联合下发通知，公布了《湖南省道地药材目录（第一批）》，湘玉竹、湘莲子、常吴萸、湘黄精等 35 种中药材入选。此外，近几年湖南中成药的品种也越来越多，产品在市场上也越来越受欢迎。

湖南省中医药资源丰富，但中药材和中成药产品成功走向国际市场的屈指可数，未来亟须积极参与全球市场，充分挖掘资源，开发湖南中医药国际产品。

第一，政府加强引导和推动，重视、加大对于中医药国际市场的投入与开拓。积极利用政府搭建的各种平台，大力推广中医药文化、服务和产品，促进国际化发展。例如，2020年起在长沙举办的中国－非洲经贸博览会暨中非经贸合作论坛设中医药专场，促进了中非的中医药交流与合作。应鼓励企业从湖南省中医药事业整体发展和企业自身成长的双层面角度出发，重视国际市场的培育和开发。重点围绕经方、名方、验方积极开展中成药国际产品研究，利用湖湘中医药文化特色挖掘具有湖南本土特色的中药国际产品。组织探索和分享湖南中医药产品在国际市场上出口模式、药品注册等方面的成功经验，帮助企业拓宽国际化道路。

第二，联合中医药国际研究机构和平台，充分调研和开发适应国际化特征的中医药产品。精准开发的前提是了解把握国际市场和"一带一路"沿线国家不同的受众需求，立足"本文化"，尊重"他文化"，根据各国市场准入要求挖掘和开发适用产品。目前，我国在"一带一路"沿线建设了30余个中医药海外中心、40余个中医药国际合作基地。《规划》指出，"十四五"时期我国还要与共建"一带一路"国家合作建设30个高质量中医药海外中心和50个中医药国际合作基地。湖南中医药企业在产品启动研发之前，可以积极通过这些海外中医药研究机构和平台，联合中医药国际化发展研究学者专家，分析国际市场需求，了解潜在用户群体，从亚太、中东北非、拉美、北美、欧洲五大区域角度开展湖南中医药国际化发展研究，预测和挖掘可行的湖南中医药产品。

第三，加大企业科技投入，推动具有湖湘特色的高技术含量产品走向国际市场。中药在传统日韩市场一直很受欢迎，中药材、中成药品种数量也较多。在"一带一路"沿线的一些发展中国家，中医药由于质优价廉也备受人们喜爱。近几年，中药随着科技和质量的稳步提升，在欧美市场的接受程度也越来越高。湖南中医药在国际化步伐加快的同时，尤其需对一批科技含量高、附加值大、具有国际市场发展潜力的中医药产品加大科研开发力度，加快创新中药的研发和产业化以及对于已有中药大品种的二次开发，坚持绿色生态种植理念，提高湖南中医药产品品质，并增强专利申请等知识产权保护意识，使湖南中医药更好地走向国际主流市场。

二、创新开拓产品内涵，打造湖南中医药特色品牌

湖南中医药国际产品在保持生产和出口数量的同时，还要认识到品牌内涵建设的重要性。湖南中医药国际产品参与海外市场竞争主要有三个层次：一是价格竞争，二是质量竞争，三是品牌竞争。品牌代表着高质量、高价值、高市场、高认可。因此，湖南中医药国际产品要实现海外优质传播，应创新开拓产品内涵，着力打造湖南中医药特色品牌。

第一，集中打造一批湖南中医药产品品牌。湖南中医药产品

品牌的国际市场开拓是一个系统化的工程，政府的作用是关键。政府促进湖南中医药产品出口，应走"扶优扶强"道路，充分发挥优势企业、重点项目在"一带一路"沿线国家和地区的先行优势、群聚效应、带动效应，培育一批具有核心竞争力的湖南中医药骨干企业。同时，鼓励中小企业与重点企业相互协作，共同打造一批特色突出、海外知名的湖南中医药国际产品品牌。政府还应制定和实施一系列具有连贯性的政策和项目并加大投入和扶持力度，如采取加强政府资金引导、鼓励社会投资参与、对出口中医药产品配套补贴等方法，支持那些具有发展前景的中医药企业，推动湖南中医药产品品牌"走出去"。

第二，充分释放湖南中医药国际品牌的创新活力。已有的湖南中医药国际产品多是一些在国内拥有良好口碑、受到人们喜爱的"老字号"。这些老品牌想要在国际市场进一步站稳脚跟，就应从品牌重塑和创新能力建设上着手，在坚守品牌文化和激发品牌活力之间找到平衡点，全力打造品牌的海外新形象。同时，正处在开发和挖掘阶段的湖南中医药国际新产品，则更需要以创建国际中医药产品品牌为战略目标，实施企业全面的创新管理，使品牌创新发展更具活力，产品服务更趋多元，传承载体更加丰富，品牌信誉不断提升，海外市场竞争力显著增强。

第三，多维加强湖南中医药国际产品品牌文化建设。湖湘地域拥有璀璨夺目的湖湘中医药文化，"医德为先，心忧天下""思变求新，敢为人先""执中致和，道法自然""兼容并举，中西汇通"是湖湘中医药文化的精神特质。湖南中医药即是千百年来湖湘中医药文化的载体，其品牌亦是湖湘中医药文化精神的浓缩。要打造湖南中医药国际产品的特色品牌，尤其需要挖掘品牌的湖湘中医药文化内涵，实现创造性转化和创新性发展，提升品牌产品和服务的出口附加值。要增强湖南中医药国际产品品牌的专业化、权威化的文化形象，让海外受众信任、认可湖南中医药。要挖掘湖南中医药国际产品品牌的历史性、传承性文化形象，使海外受众感受到湖南中医药的历史悠长、博大精深。要打造湖南中医药国际产品品牌具有时代感、新鲜感的文化形象，以契合不同文化背景消费者的审美与文化风尚。

关键词索引
KEYWORD INDEX

后 记

高质量发展是全面建设社会主义现代化国家的首要任务。党的十八大以来，习近平总书记围绕推动高质量发展发表一系列重要讲话，提出一系列重要论断，作出一系列重大部署，科学回答了"什么是高质量发展、怎样推动高质量发展"的重大问题。2020 年 9 月，习近平总书记亲临湖南考察，为湖南描绘了"三高四新"美好蓝图，为湖南高质量发展指明了战略方向、提供了根本遵循。2023 年 8 月，省委十二届四次全会审议通过了《中共湖南省委关于锚定"三高四新"美好蓝图 加快推动高质量发展的若干意见》，对推动湖南高质量发展作出了全面部署。

为全面贯彻党的二十大精神、深入贯彻习近平总书记对湖南重要讲话和重要指示批示精神、贯彻落实省委十二届四次全会精神，省委宣传部在组织编写出版《湖南高质量发展丛书（第一辑）》的基础上，组织编写了《湖南高质量发展丛书（第二辑）》（以下简称《丛书（第二辑）》）。

《丛书（第二辑）》定位为智库类、普及类的政治理论读物，由湖南人民出版社、湖南大学出版社出版。

　　省政协原党组副书记、副主席，省新型智库发展顾问贺安杰审阅了《丛书（第二辑）》书稿，对书稿修改提出了指导意见。省委宣传部副部长、省电影局局长任晓山同志对编写提纲和书稿修改进行了指导，省社科规划办具体负责组织编写工作。

　　《湖南中医药强省建设》由湖南医药学院院长、博士生导师何清湖，湖南省卫健委健康必读杂志社副社长、博士生导师罗健任主编；湖南中医药大学陈洪、陈小平任副主编。陈洪协助主编负责书稿的策划、统筹和统稿工作。邓湘琴、胡宗仁作为课题主要成员，参与课题的调研和成果整理。参加编写的还有：朱珊莹、曹淼、廖娟、骆敏、王丹、张冀东、严暄暄、胡以仁、魏一苇、丁颖、盛洁、杨虹、肖瑞建、康臻、田毅、冯英、唐卫红、王维子、王磊、罗魏、许启蒙等。兰蓝、卿君军、蒋浩、刘鹤群、周蓉娴等参与了课题资料收集整理。

　　在课题研究和书稿编写过程中，国家中医药管理局、湖南省委政研室、湖南省中医药管理局、湖南日报社、新湘评论杂志社、湖南中医药大学、湖南省中医药研究院、湖南医药学院、湖南省中西医结合医院（省中医药研究院附属医院）、湖南中医药大学第二附属医院等单位给予了指导和支持。

　　对书稿编写予以指导、参与审稿修改的有：房书亭、余海洋、孙光荣、罗云寿、李湘舟、孙涛、刘国良、郭子华、陈湘文、刘子敏、方艳、李吾秋、彭志飞、张在其、周小青、刘平安、贺韶伶、杨文洲、吴铁洲、邓奕辉、杨声辉、吴官保、杨子潞、谭登。

湖南人民出版社钟伦荣、黎晓慧、吴向红、唐艳等为本书出版给予了大力支持。本书编写参考采用了有关部门的资料，吸纳了专家学者的研究成果，在此一并表示感谢！

编　者

2023 年 12 月